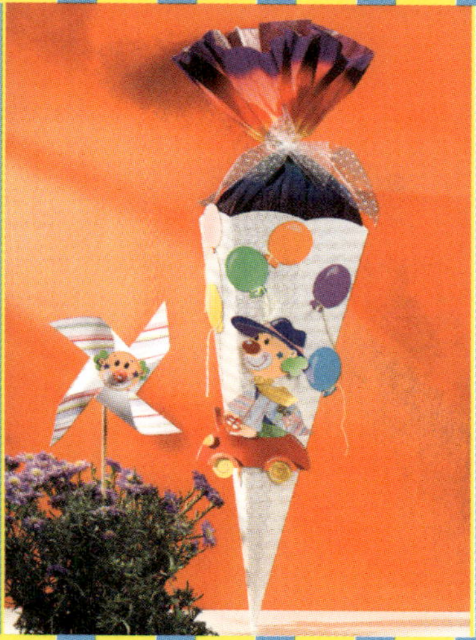

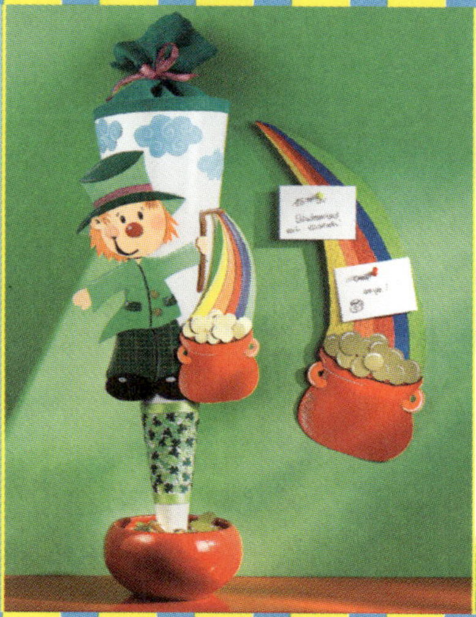

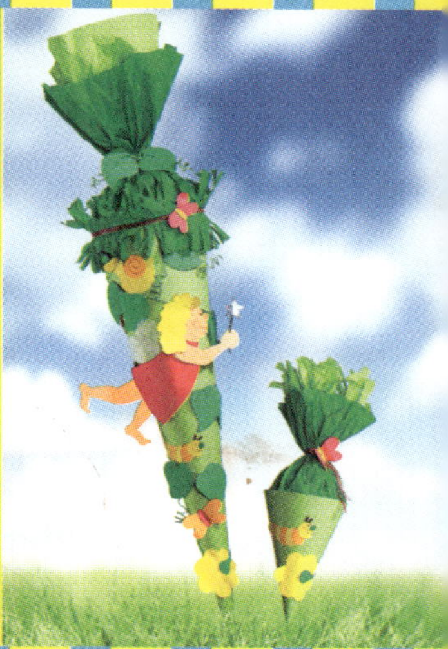

Birgit Karl
Eva Sommer

Meine Lieblings-Schultüte

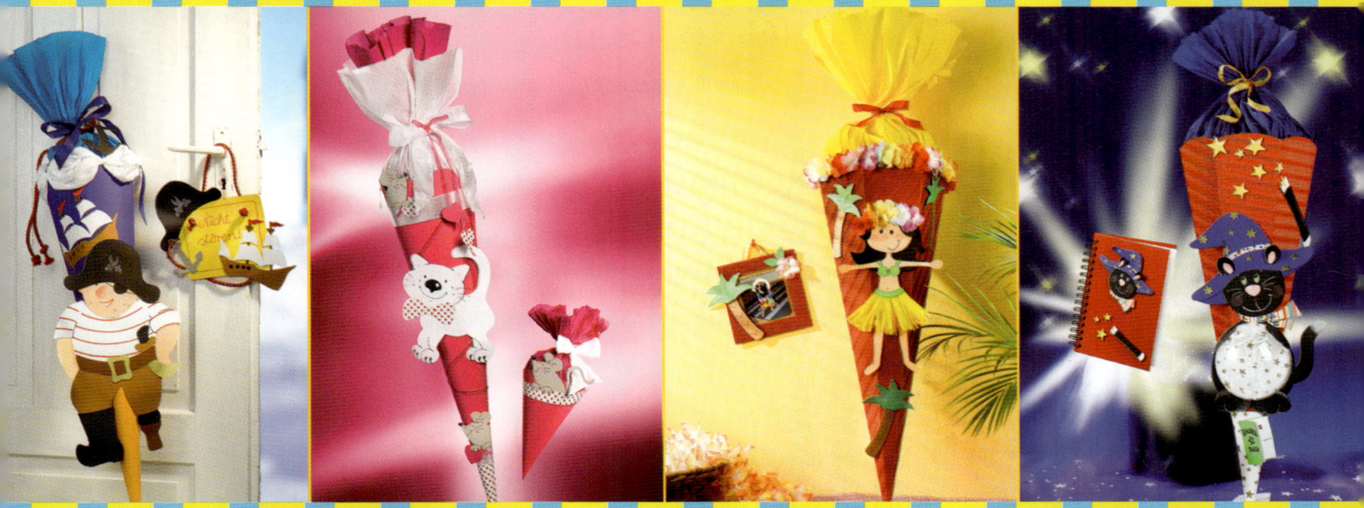

Schwierigkeitsgrad

- ๑ einfaches Motiv
- ๑๑ etwas schwierigeres Motiv
- ๑๑๑ anspruchsvolles Motiv

IHRE GRUNDAUSSTATTUNG
Diese Materialien und Hilfsmittel werden bei fast allen Modellen benötigt. Sie sollten sie zur Hand haben, denn sie werden in den Materiallisten nicht mehr einzeln aufgeführt.

- festes Transparentpapier (für Schablonen)
- weicher Bleistift, Radiergummi
- UHU Alleskleber (Motive zusammenkleben)
- Klebestift
- UHU fix & fest (Motive auf Schultüte befestigen)
- Heißkleber
- Klebekissen, 5 mm x 5 mm, oder Abstandsband
- doppelseitiges Klebeband
- wasserfester Filzstift in Schwarz
- Buntstifte in Weiß, Rosa und Rot
- Lackmalstift in Weiß (für Lichtpunkte)
- kleine und mittelgroße Schere
- Nagelschere, Zackenschere
- Lineal
- Zirkel
- Klammerhefter
- Cutter mit geeigneter Schneideunterlage
- Nähnadel

HINWEIS: Mit „Rest“ ist immer ein Stück gemeint, das maximal A5 groß ist.

Materialkunde

Sechseckige Zuschnitte aus 3D-Wellpappe (68 cm hoch)

Diese Schultütenrohlinge haben vorgeprägte Falzlinien, so geht das Falten schnell und einfach. Die Kartonlaschen in die vorgeschnittenen Schlitze einschieben und eventuell festkleben.

Runde Rohlinge (70 cm hoch)

Diese Schultüten sind aus Karton gearbeitet und sehr stabil. Es gibt sie in verschiedenen Farben und zum Teil mit Filz zum Verschließen. Ist die benötigte Farbe nicht erhältlich, können die Tüten einfach mit Fotokarton in der gewünschten Farbe ummantelt werden.

Tütenzuschnitte aus Fotokarton (68 cm hoch)

Die Rohlinge müssen erst zusammengerollt und mit Heiß- oder Kraftkleber zusammengeklebt werden.

Tipps: Ziehen Sie die Tütenspitzen und runde Tütenzuschnitte vor dem Aufrollen mehrmals über eine Tischkante, damit sie sich leichter formen lassen und keine hässlichen Knickstellen entstehen.

Sie können die Schultütenzuschnitte mit unserem Vorlagenbogen auch selbst herstellen.

So wird's gemacht

Anbringen der Kreppapier-Manschette

Die Schultüten werden mit Kreppapier verschlossen. Pro Tüte benötigt man eine ganze Rolle, bei doppelten Manschetten zwei Rollen. Normalerweise sind die Rollen 50 cm breit.

Das Papier am Rand etwas raffen und in kleinen Abständen zusammenheften. Zwischendurch immer wieder einpassen, damit die Manschette später dem Umfang der Tütenöffnung entspricht. Sie sollte etwas überlappend eingeklebt werden. Hierzu den inneren Rand der Tüte abschnittsweise mit Heiß- oder Kraftkleber bestreichen, das Krepppapier einlegen und festdrücken. Bei doppelt gearbeiteten Verschlüssen mit der äußeren Farbe beginnen, darüber den eigentlichen Verschluss kleben. Den oberen Rand ggf. nachschneiden. Zum Zubinden bunte Bänder oder Kordeln verwenden.

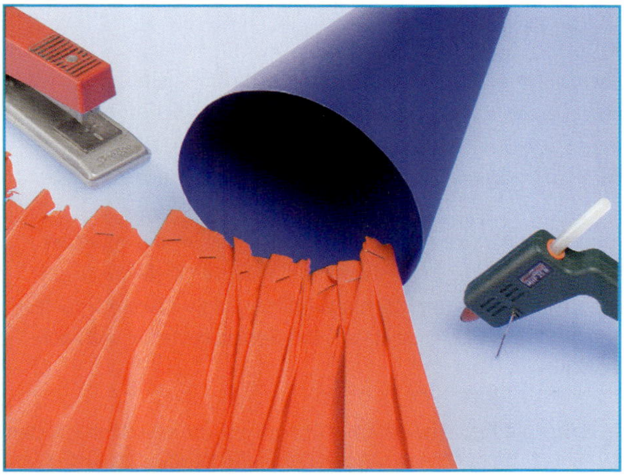

Deko-Figuren basteln

1 Die einzelnen Motivteile ohne Überschneidungen mit Bleistift vom Vorlagenbogen bzw. der Vorlagenseite auf festes Transparentpapier übertragen und ausschneiden.

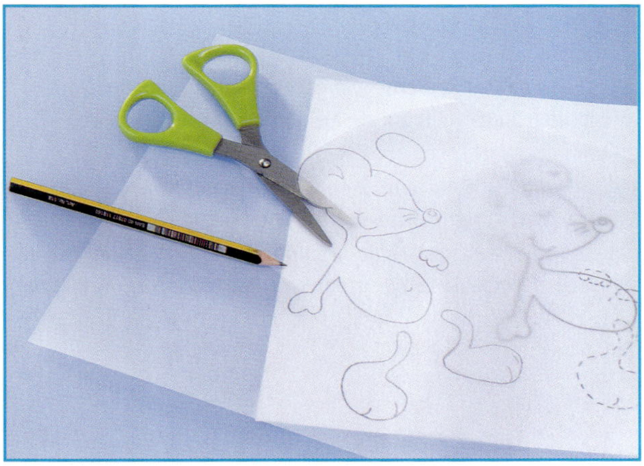

2 Diese Schablonen auf den farblich passenden Karton legen, mit dem Bleistift nachfahren und ausschneiden. Zum Ausschneiden runder Formen eignet sich am besten eine Nagelschere, gerade Schnitte gelingen am leichtesten mit dem Cutter. Hierfür immer eine feste Unterlage verwenden und Kinder niemals unbeaufsichtigt damit arbeiten lassen.

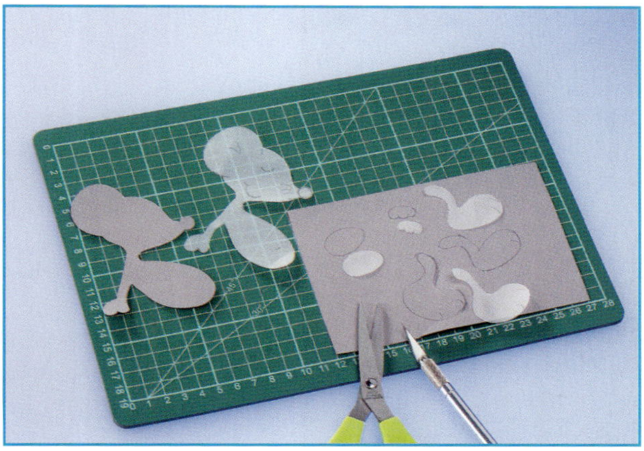

3 Die Gesichter mit Filz- und Buntstiften aufmalen. Wangen mit rotem oder rosa Buntstift röten. Dazu mit einem Messer oder Spitzer etwas Farbe von der Stiftspitze abschaben und mit dem Zeigefinger verreiben. Lichtpunkte mit weißem Lackmalstift setzen. Die Einzelteile mithilfe des Vorlagenbogens positionieren und zusammenkleben.

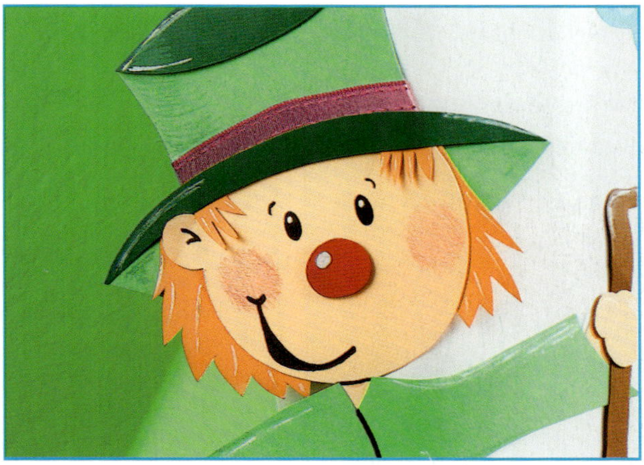

Tipp: **Sie können zusätzlich auch mit Klebekissen arbeiten, so wirken die Figuren plastischer!**

Löwe

→ neugierig auf den ersten Schultag

MATERIAL SCHULTÜTE

- sechseckiger 3D-Wellpapperohling in Grün, 68 cm hoch
- Rolle Krepppapier in Gelb, 40 cm breit
- Fotokarton in Hellgrün, A3
- Fotokartonreste in Gelb, Orange, Hellbraun, Braun und Rot
- Papierdraht in Gelb, 15 cm lang
- Bast in Grün, 5 x 50 cm lang
- Buntstifte in Orange, Braun und Grün

TÜRSCHILD

- Fotokarton in Grün, 2 Stücke à 24 cm x 15 cm
- Fotokarton in Hellgrün, 2 Stücke à 20 cm x 11 cm
- Fotokartonreste in Gelb, Rot und Orange
- Konturenschere: Zackenrand
- Buntstifte in Orange und Grün

VORLAGENBOGEN A

Schultüte

1 Die Tüte zusammenkleben und den Verschluss einklemmen. Alle Einzelteile auf den entsprechenden Fotokarton übertragen, ausschneiden und gemäß Abbildung bemalen.

2 Für die Palme die Blätter und den Stamm zusammenkleben. Drei Kokosnüsse aufkleben.

3 Den Löwenkopf und -rumpf ebenfalls wie abgebildet zusammenkleben und hinter der Palme fixieren. Die Nase mit einem Klebekissen aufkleben. Die Hände mit Klebekissen am Stamm befestigen. Den Papierdrahtschwanz spiralförmig aufrollen und am Löwenkörper festkleben. Die Schwanzspitze an das Papierdrahtende kleben. Das Gesicht gestalten und ebenfalls mit Klebekissen auf der Mähne fixieren.

4 Die Vorlage für die Tütenspitze auf Fotokarten in Grün übertragen und ausschneiden. Den oberen Rand grasförmig einschneiden und die Spitze um die Schultüten kleben. Zwei Stränge Bast umbinden und gegebenenfalls mit einigen Tropfen Kleber fixieren. Den Fotokarton zusätzlich mit grünem Buntstift schattieren.

5 Das Krepppapier einkleben und mit drei Baststrängen zubinden. Nach Belieben um ca. 20 cm kürzen. Die Palme mit dem Löwen so ankleben, dass das Ende des Stammes in der Tütenspitze versteckt ist.

Türschild

1 Die hellgrünen Fotokartonstücke mit der Zackenschere nachschneiden, mit „Bleib draußen!!!" und „Komm rein!" beschriften und jeweils auf ein grünes Fotokartonrechteck kleben.

2 Die Löwenmähne einmal, die Pfoten und den Kopf jeweils zweimal ausschneiden. Den Löwenkopf dabei einmal seitenverkehrt ausschneiden. Die Köpfe einmal von hinten, einmal von vorne auf die Mähne kleben. Das Gesicht einmal fröhlich und einmal ärgerlich aufmalen und ausgestalten. Den Kopf zwischen die beiden Fotokartonrechtecke kleben und die Pfoten mit Klebekissen ergänzen.

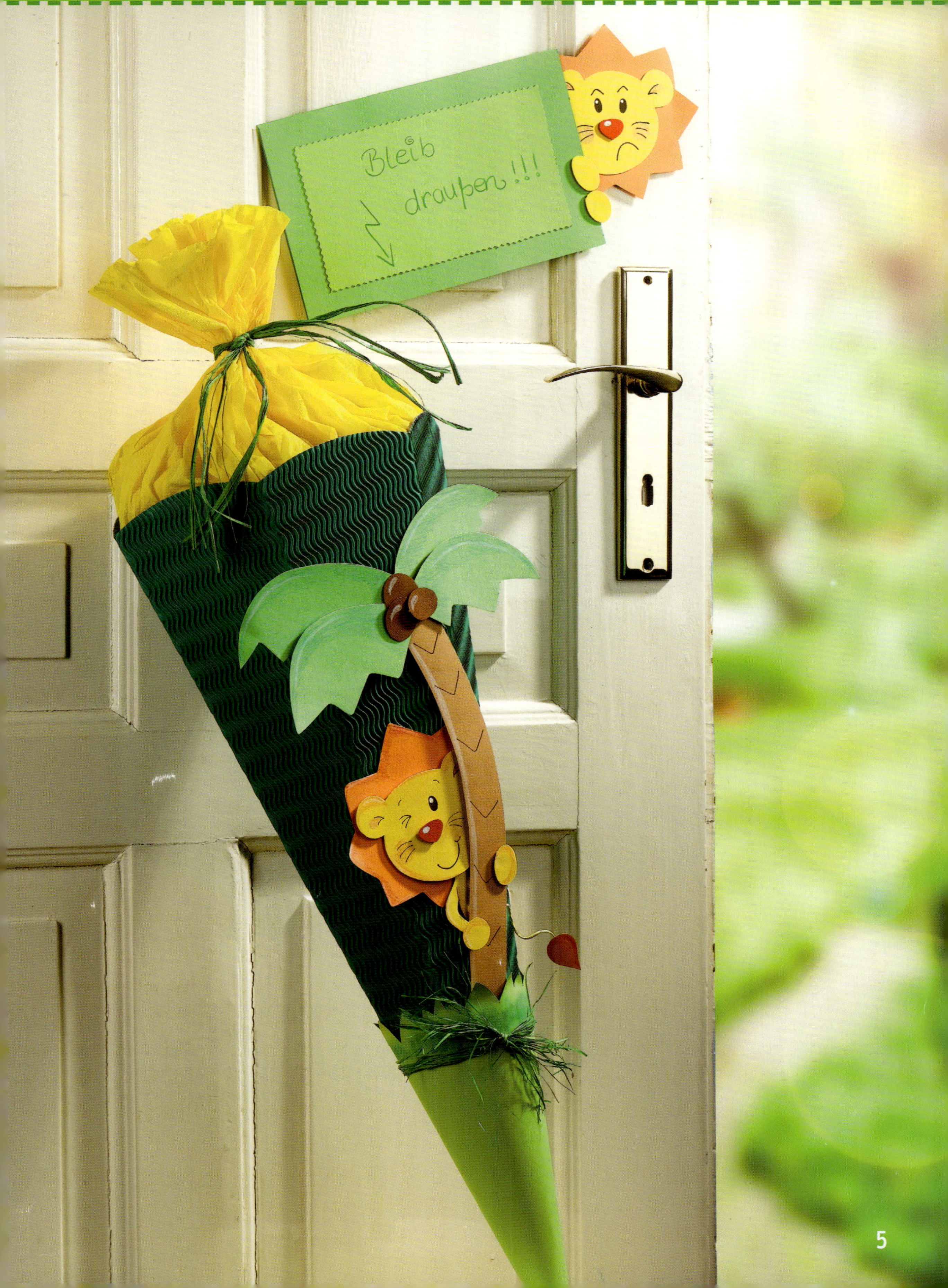
Bleib
draußen!!!

Seeräuber

→ Herr der sieben Meere

MATERIAL SCHULTÜTE

- Schultütenrohling in Blau, 70 cm hoch
- Rolle Krepppapier in Mittelblau, 40 cm breit
- Krepppapierstreifen in Weiß, 25 cm breit, 1,20 m lang
- Tonpapier in Orange, 50 cm x 70 cm
- Fotokarton in Hautfarbe, Mittelbraun, Weiß und Schwarz, A4
- Fotokartonreste in Dunkelbraun, Rot, Gold und Hellbraun
- Filzstift in Rot
- Buntstift in Braun
- Satinband in Mittelblau, 2,5 cm breit, 1 m lang
- Kordel in Rot, 1,20 m lang
- Faden in Weiß

TÜRSCHILD

- Fotokarton in Gelb, 15 cm x 18 cm
- Kordel in Rot, 50 cm und 36 cm lang
- Fotokartonreste in Rot, Weiß, Silber, Schwarz und Mittelbraun
- Lochzange

VORLAGENBOGEN A

Schultüte

1 Den weißen Krepppapierstreifen zu einer Wolke raffen und stellenweise im Abstand von 12 cm mit einem Stück Faden abbinden. Das Band an den Tütenrand kleben und den evtl. überstehenden Rest abschneiden. Das blaue Krepppapier in die Tüte kleben und mit dem Satinband zubinden.

2 Die Einzelteile auf den entsprechenden Fotokarton bzw. das entsprechende Tonpapier übertragen und ausschneiden. Mit weißem Buntstift Schwerter auf den Hut malen. Das Auge, die Bartstoppeln und die Striche für die Augenklappe mit schwarzem Filzstift aufzeichnen. Mund, Ohren und Nase mit Buntstift in Rot gestalten. Mit einem dicken roten Filzstift Streifen auf das Hemd malen. Am rechten Ärmel Falten in Schwarz ergänzen. Den Seeräuber zusammensetzen. Zuerst das Hemd auf die Hose kleben. Auf das Hemd den Kopf mit Hut, Säbel, Säbelgriff, Gürtel und Schnalle kleben. Den Stiefel und das Holzbein auf dem jeweiligen Hosenbein anbringen. Die Arme hinter den Ärmeln und dem Säbel bzw. Oberschenkel fixieren.

3 Beim Schiff die Fahnen auf die Mastspitze und die Segel und Ausgucke an die Maste kleben. Die Maste von hinten an den Schiffsrumpf kleben. Die Bullaugen mit braunem Buntstift ausmalen.

4 Die Schultüte mit der Spitze in Orange umkleben und mit Filzstift in Rot verstreut Sandkörner aufmalen. Das Schiff aufkleben und mit einem weißen Buntstift direkt darunter Wellen aufmalen. Den Seeräuber auf die Schultüte kleben. Den Anker an die Kordel knoten und diese zusätzlich als Krepppapierverschluss festbinden.

Türschild

1 Die Ecken des gelben Fotokartons abrunden, mit dem Buntstift in Rot den Rand aufzeichnen und den Text aufschreiben.

2 Den Anker mit dem Kopiergerät auf 80% verkleinern. Schiff, Hut und Anker wie oben beschrieben arbeiten. Die Teile gemäß Abbildung aufkleben.

3 Das Schild links und rechts lochen und je ein Kordelende von der langen Kordel durchstecken. Die Kordelenden mit einem Knoten fixieren. Die kurze Kordel durch den Anker fädeln und gemäß Abbildung am Schild drapieren.

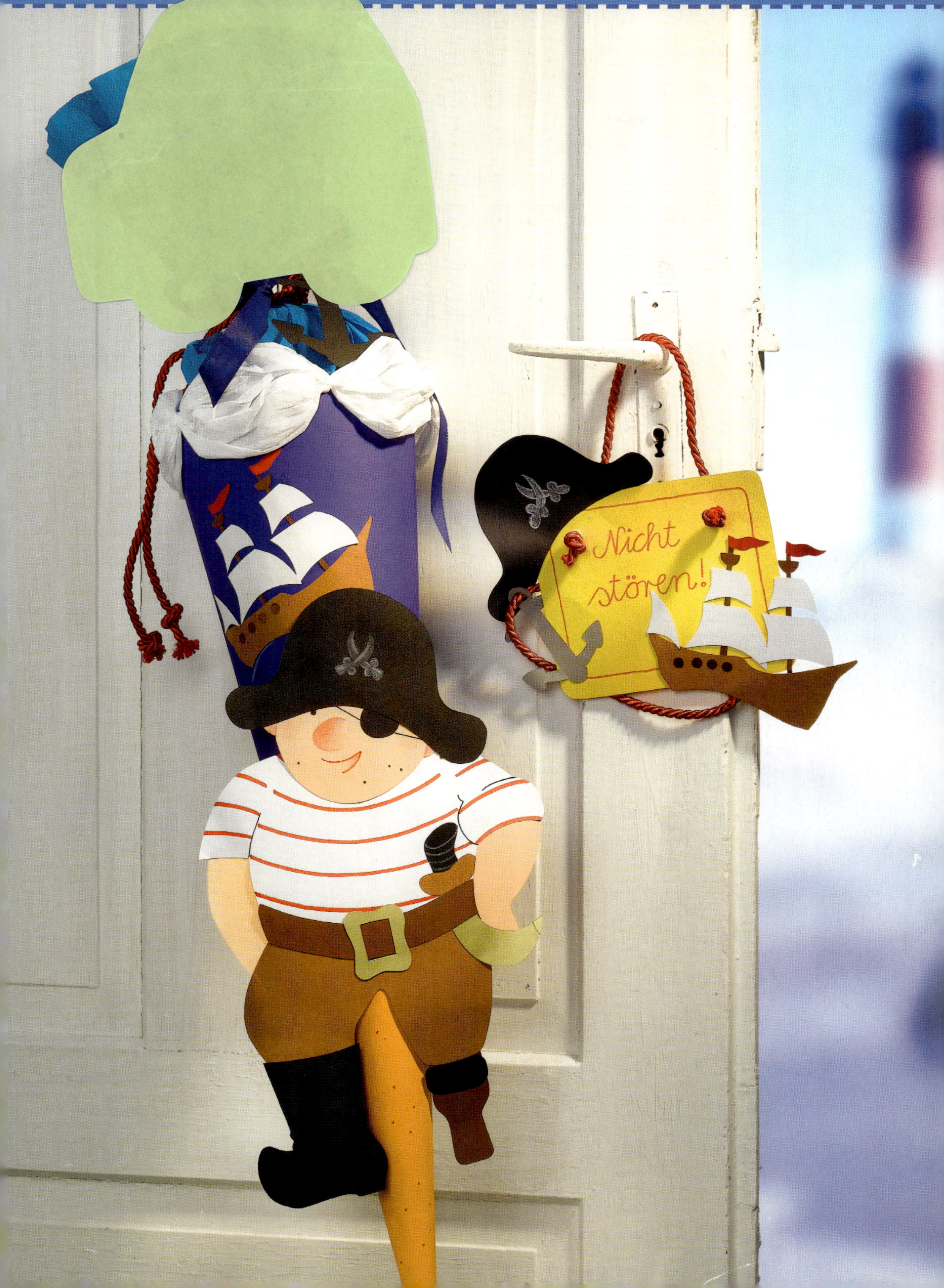
Nicht
stören!

Märchenprinzessin

→ ganz klassisch!

MATERIAL

- sechseckiger 3D-Wellpapperohling in Pink, 68 cm hoch
- Rolle Krepppapier in Weiß, 40 cm breit
- Rolle Krepppapier in Lila, 20 cm breit
- Fotokarton in Rosa und Lila, A3
- Fotokartonreste in Hautfarbe, Goldgelb, Hellgrün, Gold und Weiß
- Scrapbookingpapier mit Blümchenmuster in Helllila, A4
- Konturenschere: Wellenrand
- Band in Rot-Weiß kariert, 4 mm breit, 3,5 cm lang
- Bordüre in Weiß, 2,5 cm breit, 32 cm lang
- Organzaband in Weiß, 4 cm breit, 65 cm lang
- Buntstifte in Orange und Grün

VORLAGE SEITE 62/63 UND VORLAGENBOGEN A

1 Alle Einzelteile auf den entsprechenden Karton bzw. Papier übertragen und ausschneiden. Das Haarteil mit orangefarbenem Buntstift gestalten, an der gepunkteten Linie mit dem Cutter einschneiden und am Kopf fixieren. Das Gesicht gestalten. Die Nase mit einem Klebekissen anbringen. Das Karobändchen um den Hals kleben und die Krone auf das Haupt der Prinzessin setzen.

2 Alle Einzelteile des Kleides wie abgebildet zusammenkleben. Die Ränder mit rosa Buntstift schattieren. Die Rüschen von hinten an den Ärmeln und die Hände von hinten an den Rüschen befestigen. Eine goldene Fotokartonkugel in die linke Hand kleben und mit weißem Lackmalstift einen Lichtpunkt setzen.

3 Die Linien auf dem Frosch mit feinem Filzstift in Schwarz aufzeichnen und den Frosch mit grünem Buntstift schattieren. Seine kleine Krone von hinten an den Kopf kleben. Anschließend den Frosch auf dem Kleid der Prinzessin befestigen.

4 Die Wappen anfertigen. Dazu je eines in Lila und Rosa mit dem Cutter halbieren und wie abgebildet auf einem mit der Konturenschere ausgeschnittenen, goldenen Untergrund zusammenfügen. Das dritte Wappen komplett in Lila arbeiten. Die goldenen Herzen und Kronen anbringen.

5 Die Tüte zusammenkleben und den Verschluss einklemmen. Das lilafarbene Krepppapier mittig falten, raffen und in die zusammengeklebte Schultüte kleben. Dahinter das weiße Krepppapier befestigen und mit dem Band zubinden.

6 Die Schultüte mit der Spitze aus Fotokarton in Lila umkleben. Die Bordüre am Rand der Spitze ankleben. Zuletzt die Wappen und die Prinzessin mit Froschkönig aufkleben.

Tipp

Für ein tolles Fotoalbum, in dem die Erinnerungen an den ersten Schultag festgehalten werden können, kopieren Sie die Prinzessinnenvorlage mit dem Faktor 70% und arbeiten den Kopf wie beschrieben. Diesen befestigen Sie dann mit Klebekissen auf der ersten Seite des Albums. Schneiden Sie zusätzlich vier Krönchen aus, die Sie gemäß Abbildung an den Ecken befestigen.

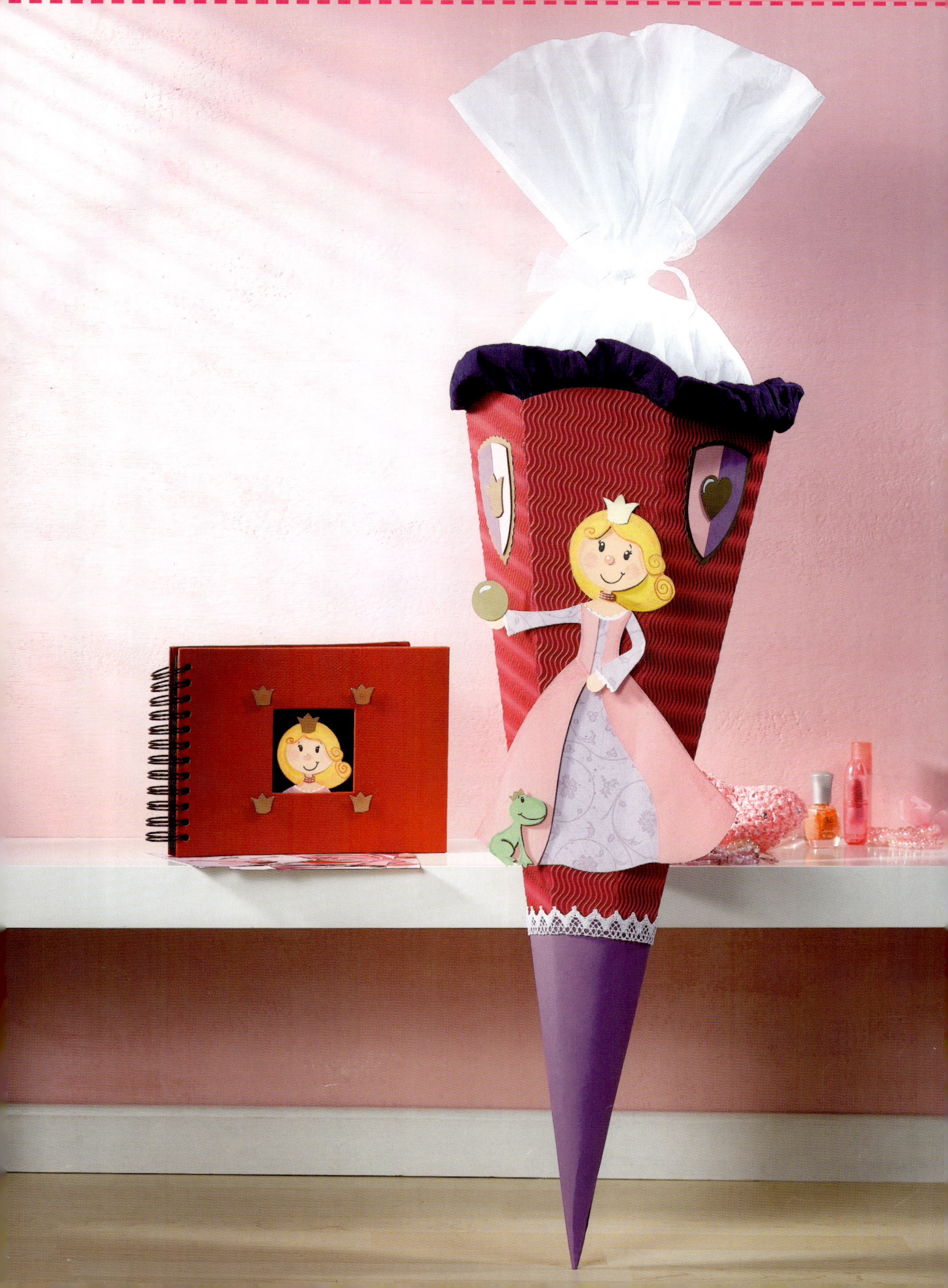

Mondmaus

→ süße Träume

MATERIAL
SCHULTÜTE

- sechseckiger 3D-Wellpapperohling in Lila, 68 cm hoch
- Rolle Krepppapier in Hellorange, 40 cm breit
- Fotokarton in Gelb, A3
- Fotokartonrest in Grau
- Bast in Lila, 3 x 50 cm lang
- Buntstift in Orange

CD-BOX

- Fotokarton in Gelb, A3
- Fotokartonrest in Grau
- Buntstift in Orange

VORLAGENBOGEN A

Schultüte

1 Den Mond und die Sterne auf Fotokarton übertragen und ausschneiden. Mit dem Buntstift in Orange Käselöcher aufmalen.

2 Die Teile für die Mondmaus auf grauen Fotokarton übertragen und ausschneiden. Das Gesicht, den Bauchnabel und die Pfotenlinien mit feinem Filzstift in Schwarz aufmalen. Wange und Ohrinnenfläche mit Buntstift in Rosa aufmalen. Den Umriss der Maus außerdem mit weißem Buntstift schattieren. Nun das rechte Bein und die linke Pfote von vorne, das linke Bein und das linke Ohr von hinten ankleben. Die Maus wie abgebildet auf dem Mond fixieren.

3 Die Tüte zusammenkleben und den Verschluss einklemmen. Das Krepppapier wie in der allgemeinen Anleitung auf Seite 3 beschrieben in den Schultütenrohling kleben und mit den Baststrängen schließen.

4 Den Käsemond mit Alleskleber aufkleben. Die Sterne auf der Schultüte verteilt mit Klebekissen anbringen.

CD-Box

1 Das Schnittmuster vom Vorlagenbogen auf den Fotokarton in Gelb übertragen und den Umriss ausschneiden. Die Käselöcher aufmalen. Den Fotokarton an den gekennzeichneten Stellen einschneiden, die gestrichelten Linien leicht anritzen, knicken und die Box anschließend zusammenkleben.

2 Das Mäuschen wie oben beschrieben anfertigen oder die Maus nach dem ersten Schultag von der Tüte lösen und auf der CD-Box fixieren.

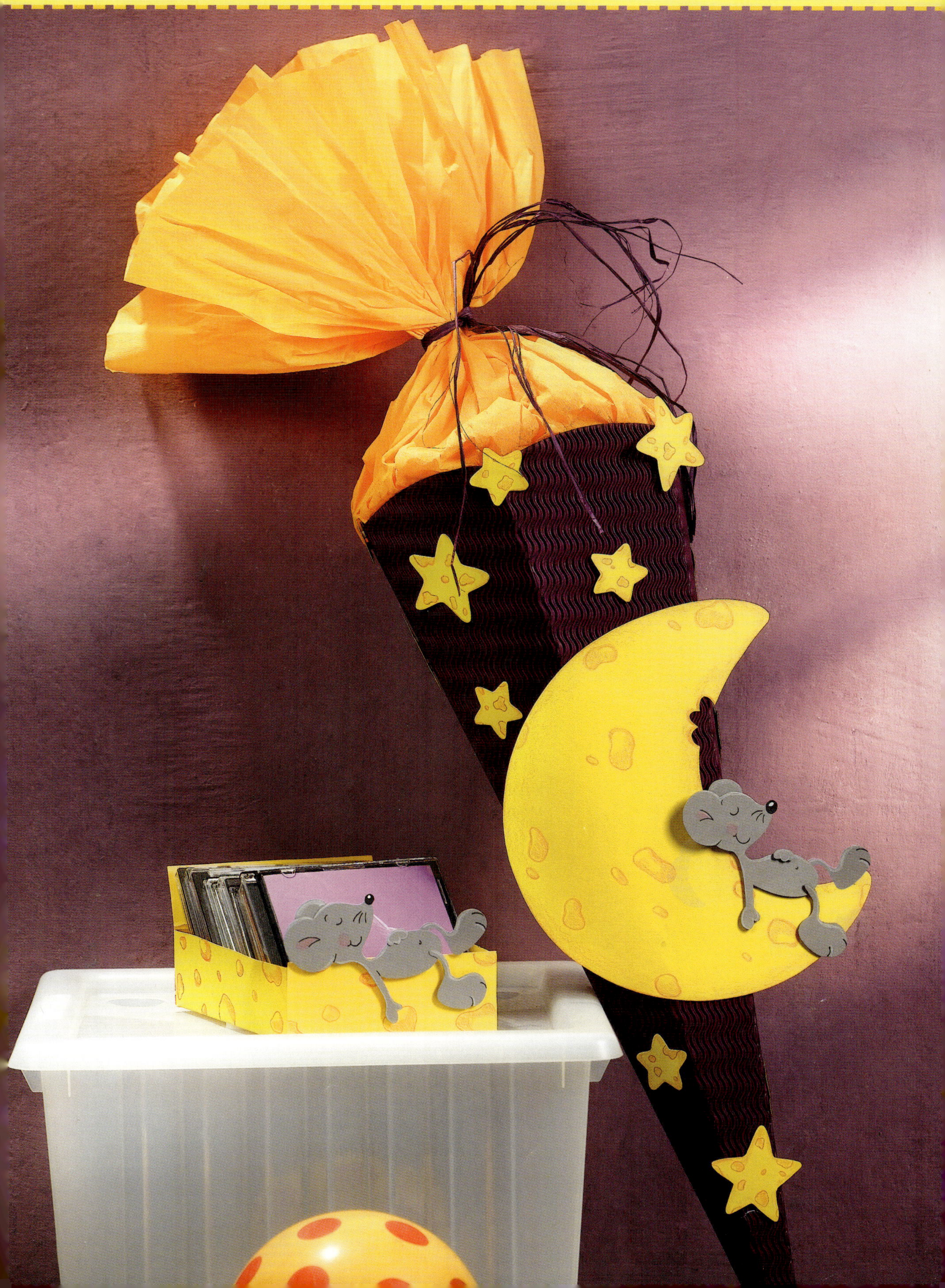

Feuerwehrmann

→ wenn's brennt

MATERIAL

- Schultütenrohling in Blau, 70 cm hoch
- je 1 Rolle Krepppapier in Gelb und Rot, 40 cm breit
- Tonpapier in Rot, 70 cm x 50 cm (Tütenspitze) und Rest (Feuerwehrautos)
- Fotokarton in Rot, A4 (Oberteil Feuerwehrmann)
- Tonpapierreste in Schwarz, Hautfarbe, Gelb, Mittelblau, Hellblau und Weiß
- transparenter Schlauch, ø ca. 1 cm, 1 m lang
- Lackmalstift in Silber
- Regenbogenfolie, 20 cm x 30 cm
- 5 Musterklammern, 3 cm lang
- Küchenmesser
- Satinband in Rot, 1 cm breit, 60 cm lang
- Schleifenband in Gelb und Rot, 4 cm breit, je 1 m lang

VORLAGENBOGEN A

1 Die Tütenspitze vom Vorlagenbogen auf die Höhe von 50 cm verlängern, auf rotes Tonpapier übertragen, ausschneiden und die Tüte damit umkleben.

2 Alle Einzelteile auf das entsprechende Papier übertragen und ausschneiden. Die Hand aufkleben und mit Filzstift in Schwarz den Ärmel aufzeichnen. Den Helm sowie die Haare auf dem Kopf anbringen. Das Gesicht aufmalen. Den fertigen Kopf auf den Körper kleben und den Knopf mit dem Lackmalstift in Silber aufmalen. Die Regenbogenfolie etwas zusammenknüllen und zwischen die Hand und die Spitze der Schlauchspritze kleben. Das Ende der Schlauchspritze von hinten an die Hand kleben. Den Feuerwehrmann auf die Schultüte kleben.

3 Den Schlauch um die Schultütenspitze winden und auf der Rückseite anbringen. Dazu mit einem Radiergummi in der Hand von innen in die Tüte greifen. So weit unten wie möglich mit dem Radiergummi von innen an die Naht drücken. Von außen an dieser Stelle einen kleinen Schlitz mit dem Messer machen. 3 cm vor Schlauchende einen Schlitz machen, der durch beide Schlauchwände geht. Eine Musterklammer durch den Schlauch und den Schlitz in der Tüte stecken und die Klammer von innen auseinander biegen. Diesen Vorgang nochmals ca. 3 cm weiter oberhalb des Schlauchs wiederholen. Ein drittes Mal den Schlauch wie beschrieben unter der Hand anbringen.

4 Die Feuerwehrautos zusammenkleben, bemalen und so am Tütenrand ankleben, dass sie etwa ein Drittel überstehen. Das Satinband mit etwas Abstand zu den Rädern um die Schultüte kleben.

5 Zuerst das gelbe, dann das rote Krepppapier einkleben. Beide Papiere zackenförmig einschneiden. Das rote Krepppapier sollte hinter dem gelben Krepppapier hervorschauen. Seitlich mit einer roten und einer gelben Schleife zubinden.

Tipp

Mit dem Feuerwehrmann können Sie auch eine Mappe passend gestalten. Verwenden Sie dabei für das Blaulicht hellblaues Tonpapier und ergänzen Sie einen weißen Wassertropfen, den Sie mit einem hellblauen Buntstift schattieren.

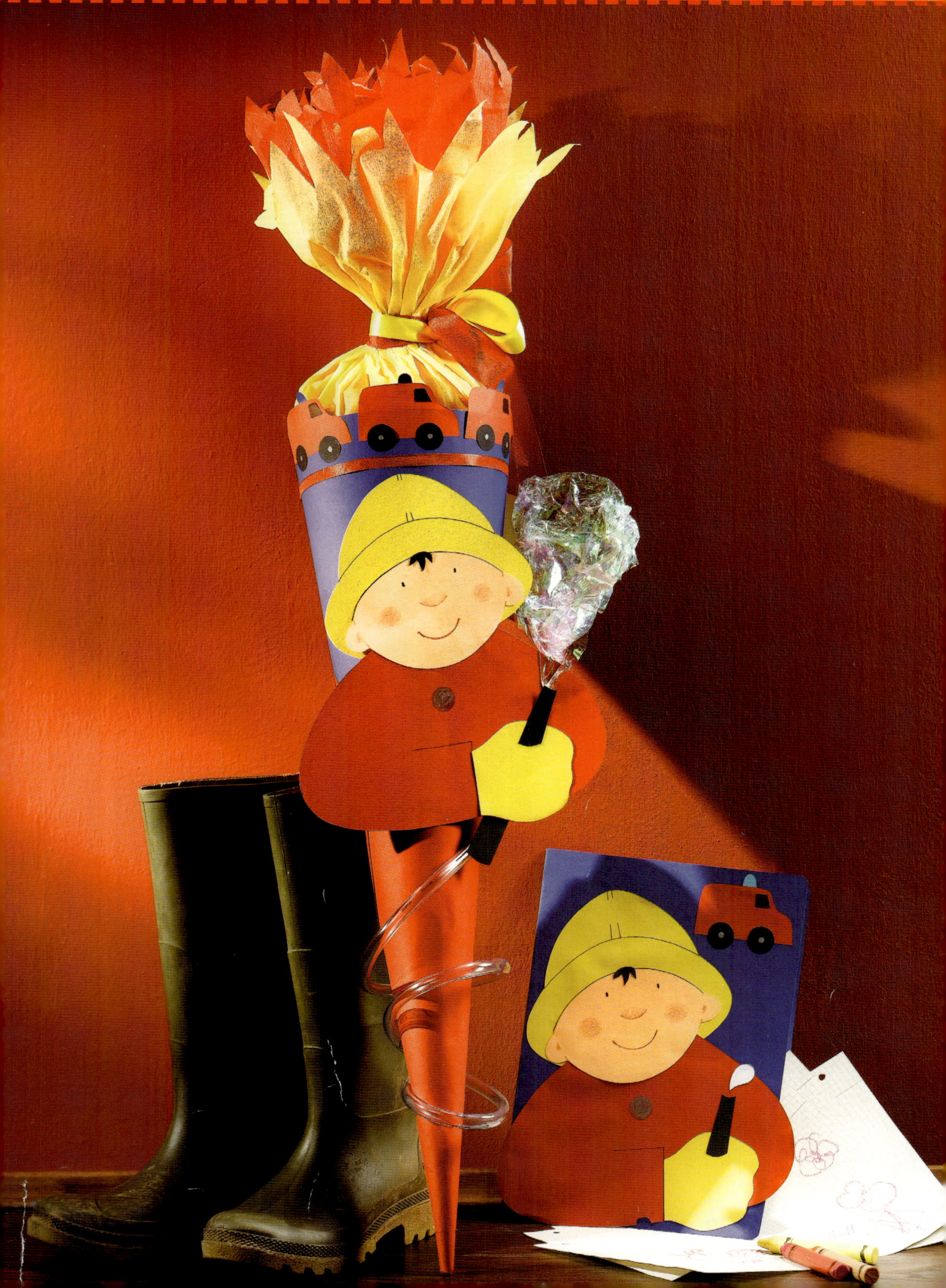

Katz und Maus

→ verspielt

MATERIAL SCHULTÜTE

- Schultütenrohling in Pink, 70 cm hoch
- je 1 Rolle Krepppapier in Pink und Weiß, 40 cm breit
- Fotokarton in Weiß, 50 cm x 70 cm
- Fotokarton in Weiß mit roten Punkten, A4
- Fotokartonreste in Hellgrau und Pink
- 6 Besenhaare (Schnurrhaare Katze)
- Band in Weiß, 4 cm breit, 2 m lang
- transparentes Band in Pink, 8 mm breit, 12 x 4 cm und 2 x 1 m lang

GESCHWISTERTÜTE

- Fotokartonrest in Hellgrau
- Fotokartonstreifen in Weiß mit roten Punkten, 2,2 cm breit, 33 cm lang
- Fotokarton in Pink, A3
- Krepppapier in Pink, 22 cm x 130 cm
- Band in Weiß, 4 cm breit, 55 cm lang

VORLAGENBOGEN A

Schultüte

1 Den Schultütenrand bogenförmig zuschneiden.

2 Die Einzelteile auf den entsprechenden Fotokarton übertragen und ausschneiden. Die Tütenspitze aus dem gepunkteten Fotokarton anfertigen und um die Schultüte kleben. Augen, Nase, Schnurrhaarpunkte, Pfoten und Mund von Katze und Mäusen mit einem feinen Filzstift in Schwarz aufmalen. Ohren und Wangen mit Buntstift in Rosa gestalten. Der Katze rechts und links je drei Besenhaare als Schnurrhaare von hinten ankleben. Den Verlauf der Schnurrhaare vom Gesicht zu den überstehenden Besenhaaren mit Filzstift ergänzen. Die Schleife auf die Katze kleben.

3 Das weiße Band gemäß Abbildung oben und unten um die Schultüte kleben und die Überstände abschneiden. Die Mäuse direkt über den Bändern fixieren und die Herzen sowie die 4 cm langen Bänder in Pink ergänzen. Ein 1 m langes Band in Pink unter dem oberen Band in Weiß mit Klebstoff fixieren und gemäß Abbildung um die Tüte wickeln. Dabei das Band stellenweise mit Klebstoff fixieren. Das Bandende unter dem unteren weißen Band fixieren.

4 Zunächst das weiße, dann das pinkfarbene Krepppapier in die Schultüte kleben und mit dem Rest des weißen Bandes schließen. Das andere 1 m lange Band in Pink ebenfalls anbringen und ein gepunktetes und ein rosafarbenes Herz auf die Enden kleben.

Geschwistertüte

1 Die Tütenform vom Vorlagenbogen auf den Fotokarton in Pink übertragen, ausschneiden, zur Tüte formen und zusammenkleben. Das Krepppapier in die Tüte kleben und mit dem weißen Band verschließen.

2 Die Maus wie oben beschrieben anfertigen. Den gepunkteten Streifen bogenförmig auf die Tüte kleben und die Maus dabei einkleben.

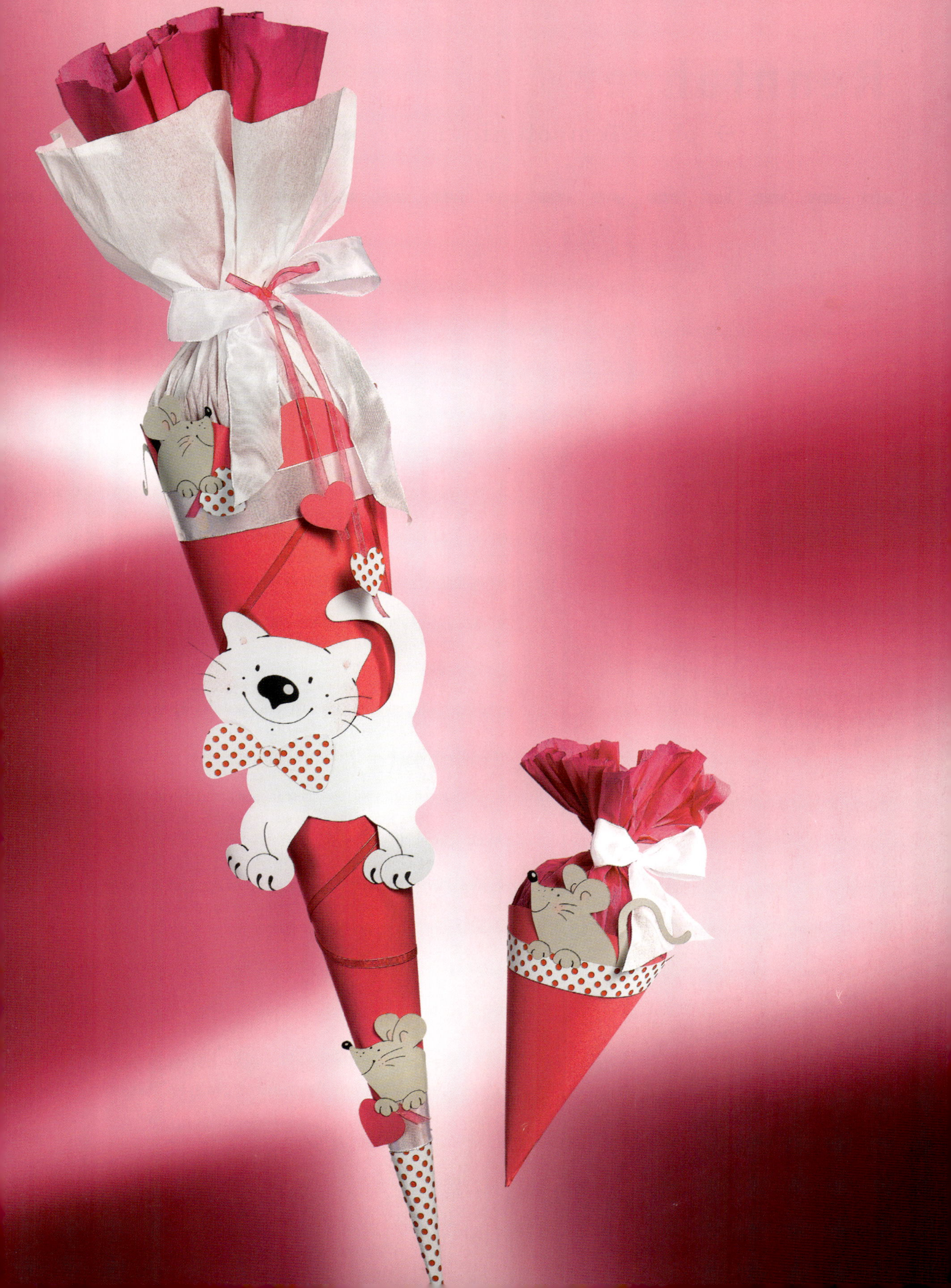

Rennfahrer

→ ohne Tempolimit zur Schule

MATERIAL SCHULTÜTE

- Schultütenrohling in Grün, 70 cm hoch
- je 1 Rolle Krepppapier in Gelb und Mittelgrün, 40 cm breit
- Tonpapierstreifen in Dunkelgrau, 16 cm breit, 50 cm lang
- Tonpapier in Rot, A3
- Tonpapierstreifen in Weiß, 6 cm breit, 60 cm lang
- Tonpapierreste in Gelb, Weiß, Hautfarbe, Schwarz und Hellblau
- Fotokartonreste in Gold, Gelb und Schwarz (Flaggen und Pokal)
- Satinband in Rot, 4 cm breit, 1,20 m lang

MEMOBOARD

- Fotokarton in Grau, A3
- Fotokartonreste in Gelb, Rot, Hellblau, Hautfarbe und Schwarz
- 3 Holzwäscheklammern, 1,5 cm breit, 7,5 cm lang
- Tonpapierrest in Weiß

VORLAGENBOGEN A

Schultüte

1 Die Einzelteile auf Tonpapier bzw. Fotokarton übertragen und ausschneiden. Den grauen Streifen der Länge nach mit einem weißen Buntstift ca. 3 cm vom unteren Rand entfernt mit einem Strich versehen und um die Tütenmitte kleben.

2 Die Fahnen, die drei kleinen Rennautos sowie das große Rennauto gemäß Abbildung zusammenkleben und bemalen.

3 Den weißen Tonpapierstreifen mit 3 cm x 3 cm großen schwarzen Quadraten versehen, so dass das Karomuster entsteht. Die Spitze auf den Rest des weißen Tonpapiers übertragen, ausschneiden und ebenfalls bemalen. Die karierte Spitze unten über die Tütenspitze, das lange Band oben an der Schultüte schräg aufkleben. Überstehende Stücke abschneiden.

4 Das große Auto und die Fahnen mit Zahlen bekleben bzw. bemalen und gemäß Abbildung auf die Tüte kleben.

5 Zunächst das gelbe, dann das grüne Krepppapier in die Tüte kleben und mit der Schleife zubinden. Den goldenen Pokal an ein Bandstück kleben.

Memoboard

1 Die kleinen Autos wie oben beschrieben anfertigen und auf die Wäscheklammern kleben. Die Rennstrecke aus dunkelgrauem Fotokarton zuschneiden und die Ränder mit weißem Buntstift aufmalen.

2 Das „Start"- und „Ziel"-Schild je 3,5 cm x 13 cm groß aus weißem Tonpapier zuschneiden, beschriften und am oberen und unteren Ende der Rennstrecke aufkleben. Zuletzt die Autos anklemmen.

Tipp

Sie können die Rennstrecke beliebig verlängern und noch mehr Rennautos „fahren" lassen.

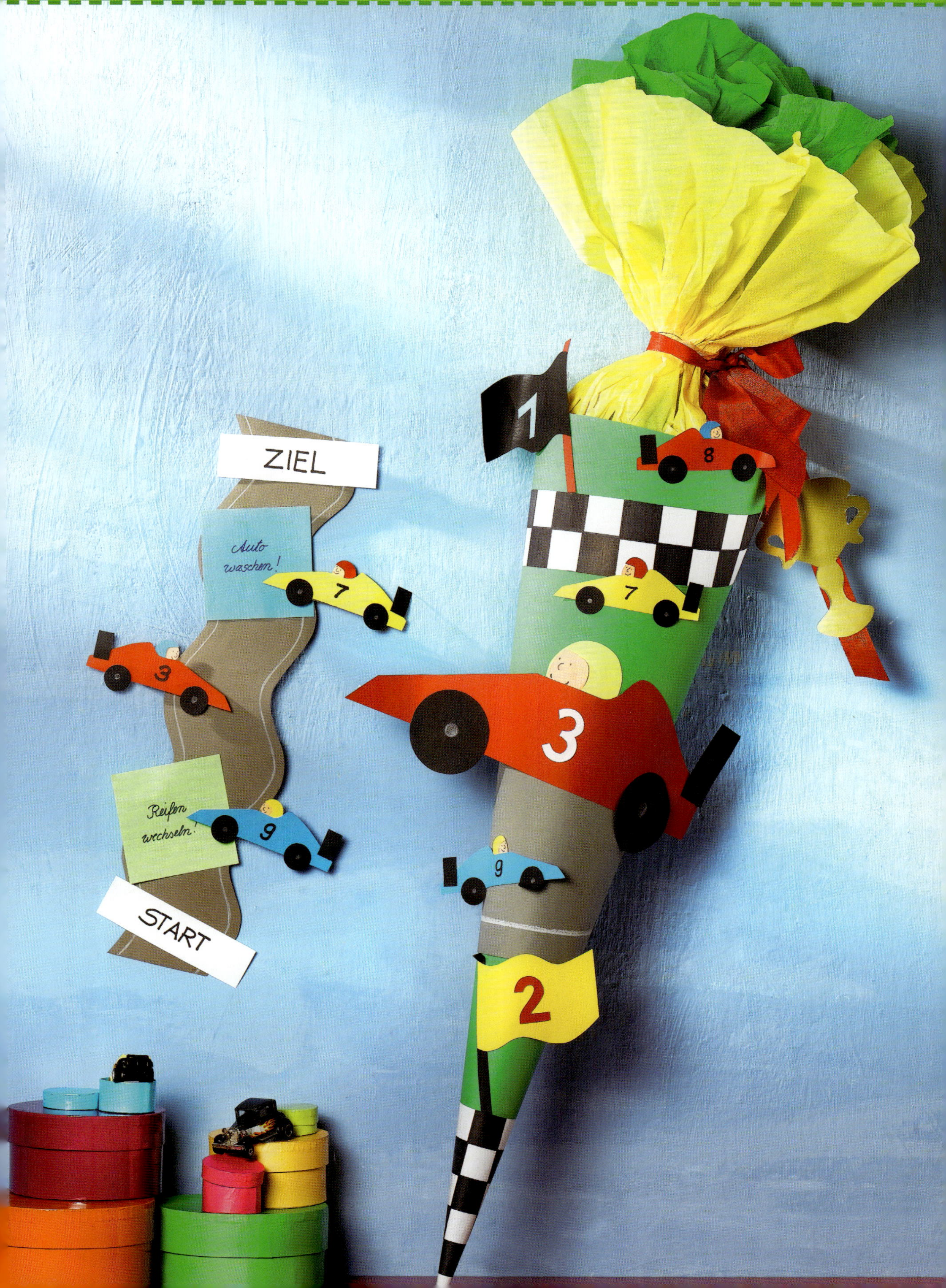
ZIEL
Auto waschen!
7
3
Reifen wechseln!
9
START
1
8
7
3
9
2

Drache

→ niedlicher ABC-Schütze

MATERIAL
SCHULTÜTE

- sechseckiger 3D-Schultütenrohling in Blau, 68 cm hoch
- Fotokarton in Dunkelblau und Hellgrün, A3
- Rolle Krepppapier in Hellgrün, 40 cm breit
- Fotokartonreste in Hellblau, Rosa, Orange, Gelb und Rot
- Reste von verschiedenen Musterkartons
- Buntstifte in Grün, Orange, Lila und Gelb
- Schleifenband in Blau, 1 cm breit, 70 cm lang

STIFTEKÖCHER

- Fotokarton in Hellgrün, A3
- Fotokarton in Grau, A4
- Fotokartonreste in Rosa und Orange
- Buntstifte in Grün, Schwarz und Orange

VORLAGE SEITE 49-52 UND VORLAGENBOGEN A

Schultüte

1 Zunächst die Drachenteile auf den entsprechenden Fotokarton übertragen und ausschneiden. Die verschiedenen Motivteile aus Fotokarton in Rosa mit weißen Lackmalstifttupfen versehen. Auf das Bauchteil und die Hörner schwarze Filzstiftlinien malen. Ohren, Hörner, Arme, Beine, Bauch und Rückenzacken ankleben. Mit grünem und weißem Buntstift die Schattierungen aufmalen. Das Gesicht mit schwarzem Filzstift und rosa Buntstift gestalten. Die rosa Innenohren einkleben.

2 Die Buchstaben auf verschiedene Fotokartonreste und Musterpapiere übertragen und ausschneiden. Die Fotokartonbuchstaben gemäß Abbildung mit Buntstiften verzieren.

3 Die Schultüte zusammenkleben und den Verschluss einstecken. Ein Stück blauen Fotokarton mit Buntstiften im Karomuster bemalen und gemäß Vorlage eine Tütenspitze zuschneiden. Diese um die Schultüte kleben.

4 Das Krepppapier in die Schultüte kleben und mit dem Band zubinden. Zuletzt den Drachen und die Buchstaben auf der Schultüte verteilt anbringen. Einen Buchstaben dem Drachen in die Hände kleben.

Stifteköcher

1 Den Drachen für den Stifteköcher wie oben beschrieben arbeiten. Die Burgvorlage auf Fotokarton in Grau, die Grasvorlage auf Fotokarton in Hellgrün übertragen und ausschneiden.

2 Mit weißem Buntstift Ziegelsteine auf die Burg malen. Mit schwarzem Buntstift ein Fenster aufmalen. Die Burg zu einer Röhre kleben und auf das Grasstück kleben. Den Drachen von hinten an die Burg kleben.

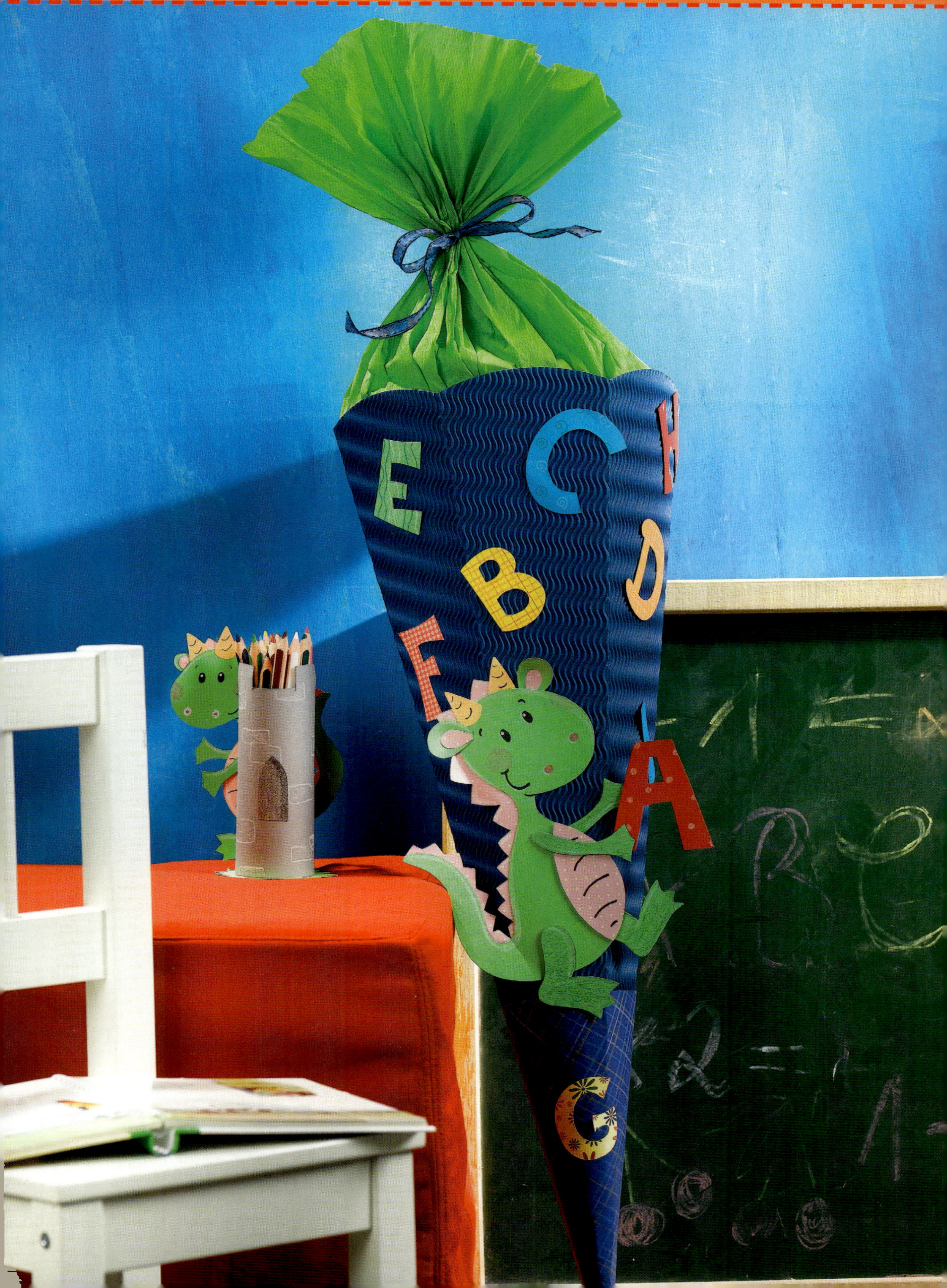

Hulagirl

→ sonnige Grüße aus Hawaii!

MATERIAL

- sechseckiger 3D-Schultütenrohling in Rot, 68 cm hoch
- Rolle Krepppapier in Gelb, 40 cm breit
- Krepppapier in Gelb, 24 cm x 8 cm
- Fotokarton in Hautfarbe, A3
- Fotokartonreste in Schwarz, Hellgrün, Dunkelgrün, Hellbraun und Dunkelbraun
- Fotokartonrest mit Blümchendruck in Rottönen (Rock)
- Schleifenband in Rot, 1,5 cm breit, 50 cm lang
- Hawaiikette mit bunten Blümchen, ca. 6 cm breit, 1 m lang
- Buntstifte in Grün und Orange

VORLAGE SEITE 48 UND VORLAGENBOGEN B

1 Kopf, Nase und Körper der Hulatänzerin ausschneiden und zusammenkleben. Das Gesicht aufmalen. Die Nase mit einem Buntstift in Rosa färben und mit einem Lackmalstift in Weiß einen Lichtpunkt setzen. Die Haarteile anfertigen und mit orangefarbenem Buntstift verzieren. Die Haarteile auf den Kopf kleben. Von der Blümchenkette ein 20 cm langes Stück abschneiden. Achtung: Das Band sofort wieder zubinden, damit die Blumen nicht herunterfallen! Den kurzen Blumenkranz mit Heißkleber auf die Haare des Mädchens kleben.

2 Das Oberteil und den Gürtel ausschneiden, mit grünem Buntstift bemalen und zunächst nur das Oberteil auf den Körper kleben. Den Rock ebenfalls ausschneiden und aufkleben. Das Krepppapierrechteck mehrmals einschneiden. Den oberen Rand raffen, mit dem Klammerhefter zusammenklammern und am Rockbund fixieren. Die Klammern nun mit dem grünen Fotokartongürtel kaschieren.

3 Sieben kleine Palmen anfertigen und wie abgebildet mit weißem, grünem und braunem Buntstift ausgestalten.

4 Die Schultüte zusammenkleben und den Verschluss einstecken. Das Krepppapier einkleben und mit der roten Schleife schließen. Den Rest der Blumengirlande (80 cm lang) um den oberen Rand der Tüte kleben. Dazu am besten Heißkleber verwenden.

5 Die Tänzerin und die Palmen auf der Schultüte anordnen und fixieren.

Tipp

Aus Wellpappe, einigen Bändern, Blümchen und einer Palme können Sie einen schönen Urlaubsbilderrahmen anfertigen. Kleben Sie einfach ein Foto auf ein beliebig großes Wellpapperechteck. Umkleben Sie den Fotorand mit dem Band und befestigen Sie ein Stück des Bandes zusätzlich als Aufhängung von hinten am Rechteck. Zuletzt ergänzen Sie eine Palme und eine Stoffblume mit Fotokartonblättern.

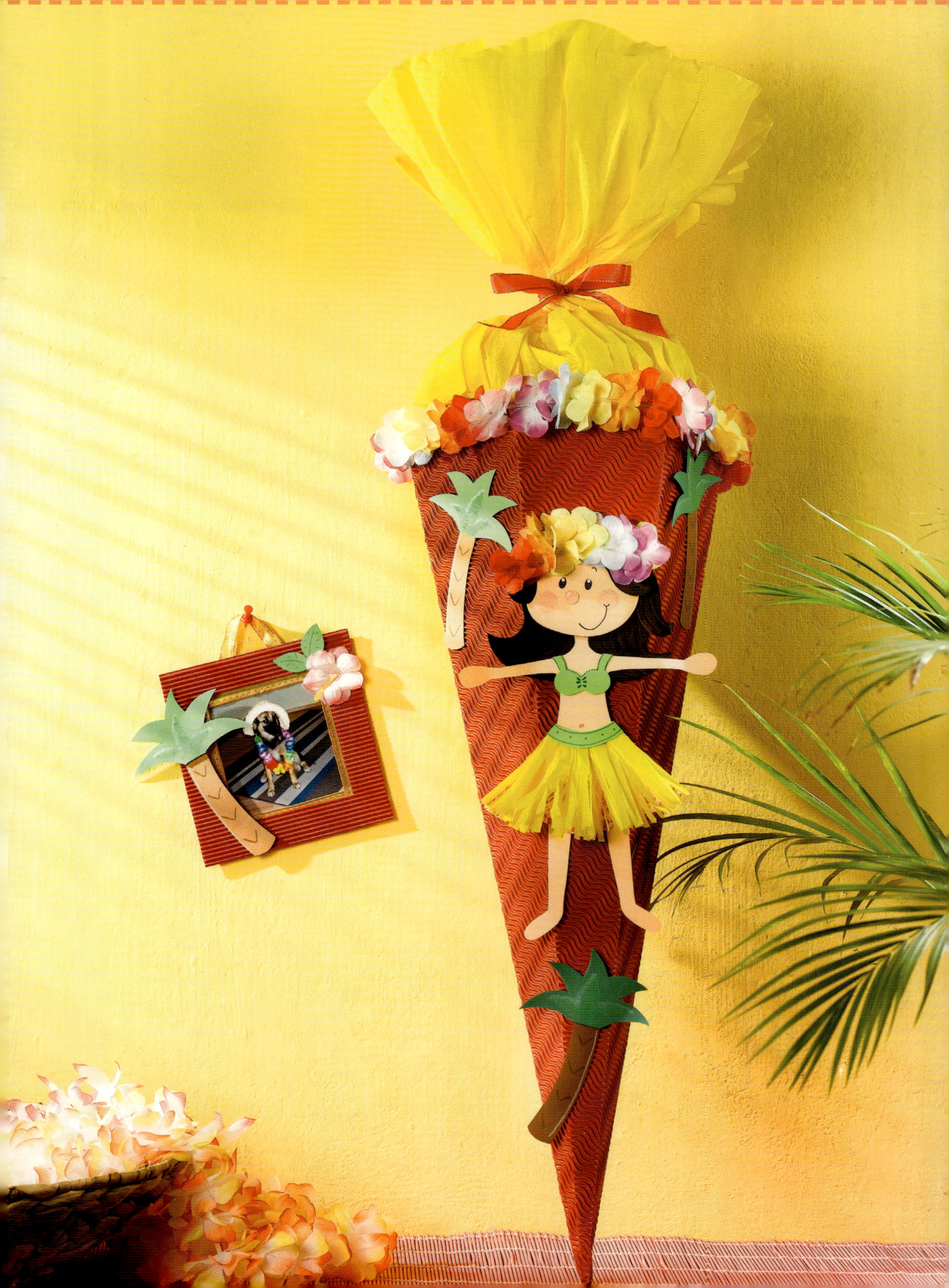

Schmetterling

→ für Mädchen

MATERIAL

- Schultütenrohling in Hellblau, 70 cm hoch
- je 1 Rolle Krepppapier in Pink und Hellblau, 40 cm breit
- Tonpapier in Pink, 50 cm x 70 cm
- Tonpapier in Sonnengelb, A3
- Tonpapierreste in Schwarz und Hellblau
- Fotokarton in Pink (Flügel und Streifen) und Sonnengelb (Körper), 50 cm x 70 cm
- 5 Wattekugeln, ø 2,5 cm
- Acrylfarbe in Gelb
- Pinsel
- Papierdraht in Dunkelgrün, ø 2 mm, ca. 1,50 m lang
- Glitterglue in Violett
- Buntstift in Hellblau
- Satinband in Gelb, 4 cm breit, 65 cm lang
- Satinband in Hellgelb, 2,5 cm breit, 1 m lang
- Tüllband in Hellblau, 5 cm breit, 1 m lang

VORLAGE SEITE 64 UND VORLAGENBOGEN A

1 Die Wattekugeln gelb anmalen, gut trocknen lassen und je 15 cm lange Papierdrahtstücke einkleben.

2 Alle Einzelteile auf den entsprechenden Karton bzw. das entsprechende Tonpapier übertragen und ausschneiden. Die Tonpapierfühler von hinten, die pinkfarbenen Streifen von vorne auf den Körper des Schmetterlings kleben. Das Gesicht aufmalen. Die kleinen gelben Kreise auf die Flügel kleben und mit hellblauem Buntstift Punkte in die Kreise malen. Die Flügel mit Glitterglue und schwarzem Filzstift gemäß Abbildung gestalten. Die Flügel von hinten an den Körper kleben. Den Schmetterling an der Schultüte anbringen.

3 Die Schultüte mit der pinkfarbenen Tonpapierspitze, 28 cm hoch, umkleben. Die Blütenblätter am Faltrand dreimal einschneiden und nach vorne knicken. Die gelben Kreise in die Mitte der Blütenblätter kleben. Auf fünf der gelben Kreise wiederum hellblaue Kreise kleben. Die neun Blütenblätter mit gelben Kreisen oben in den Schultütenrand, die fünf Blütenblätter mit gelben und hellblauen Kreisen unten in den Rand der pinkfarbenen Spitze einkleben. Die Blütenblätter sollten sich dabei etwas überlappen.

4 Die Stängel der „Staubgefäße" gut mit Kleber bestreichen, etwas antrocknen lassen und je zwischen zwei Blütenblätter stecken. Unterhalb des Blattes ca. 5 cm des Stängels stehen lassen und mit allen Fingern solange fest andrücken, bis der Stiel hält. Auf dieselbe Weise in den Zwischenraum der Staubgefäße 3 cm lange Papierdrähte gemäß Abbildung einkleben.

5 Zuerst das blaue, dann das pinkfarbene Krepppapier einkleben. Das blaue Krepppapier um einen Zentimeter kürzen. Die Tüte mit den Bändern schließen.

Tipp

Für einen passenden Stifteköcher umkleben Sie eine Dose, ø 10 cm und 10 cm hoch, mit hellblauem Tonpapier. Darauf ergänzen Sie die „Staubgefäße" mit gelben Wattekugeln, ø 1,5 cm, 10 cm lang, und die Papierdrähte, 3 cm lang. Den Schmetterling gestalten Sie wie beschrieben und kleben ihn auf die Dose.

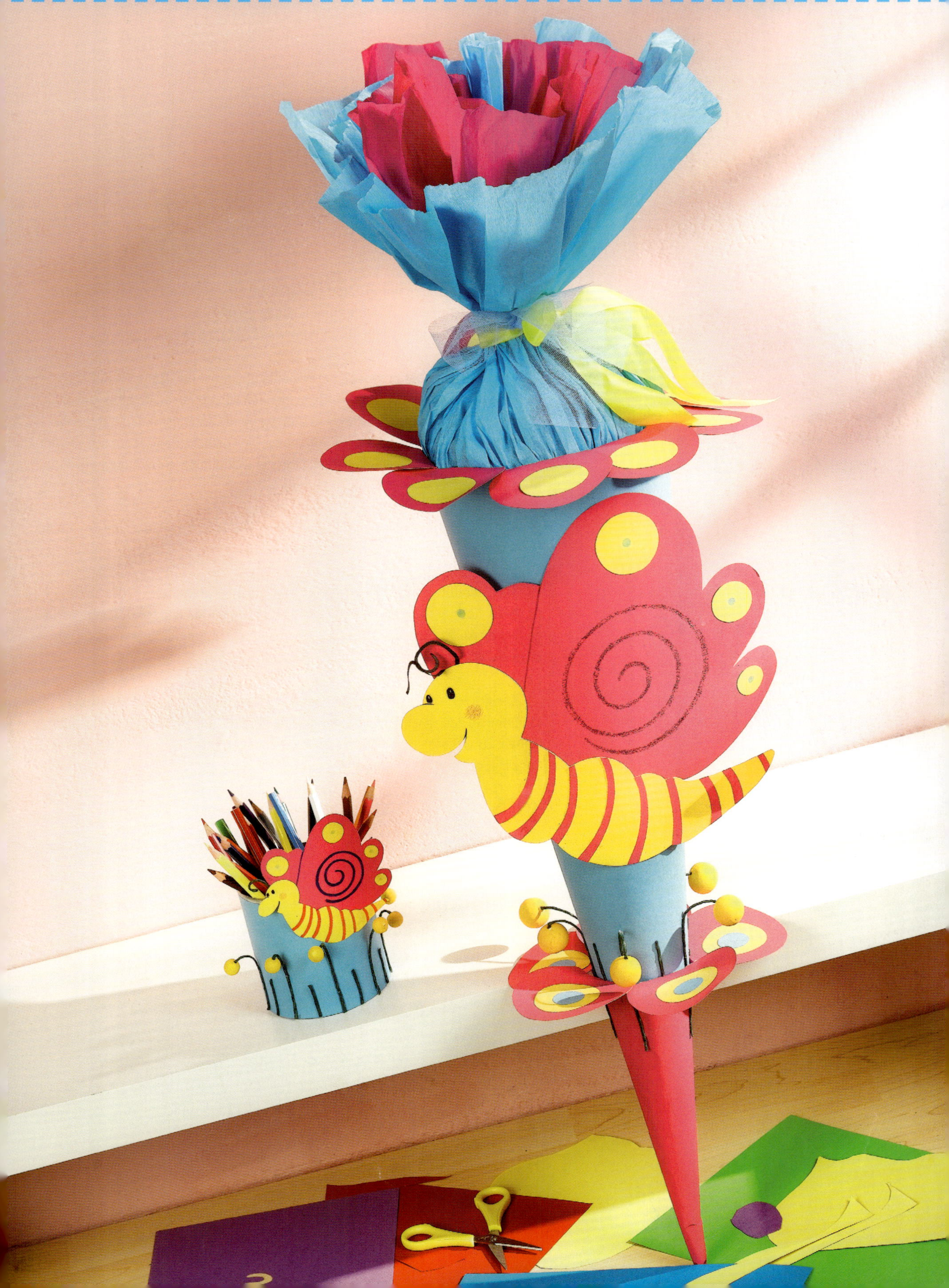

Fliegenpilz

→ viel Glück zum ersten Schultag!

MATERIAL

- sechseckiger 3D-Wellpapperohling in Gelb, 68 cm hoch
- Rolle Krepppapier in Rosa, 40 cm breit
- Fotokarton in Rot und Weiß mit Struktur, A3
- Fotokartonreste in Dunkelgrün, Grün mit Grasdruck und Rosa
- 3 Wattepads
- Kordel in Grün, ø 4 mm, 1 x 80 cm und 2 x 32 cm lang
- Kordel in Rot, ø 5 mm, 65 cm lang
- 6 Deko-Fliegenpilze, 3 cm lang
- Buntstift in Braun

VORLAGENBOGEN A + B

1 Die Einzelteile für das Pilzmotiv auf den entsprechenden Fotokarton übertragen und ausschneiden. Das rote Hutteil auf den Stiel kleben. Die Wattepads teilen und kreisförmig zuschneiden. Diese Punkte auf den roten Pilzhut kleben.

2 Die Unterseite der Pilzkappe mit Filzstift in Schwarz und Buntstift in Braun gemäß Abbildung gestalten. Die Unterseite dann von hinten an den Pilz kleben. Die Nase mit rosa Buntstift schattieren, mit weißem Lackmalstift den Lichtpunkt setzen und mit einem Klebekissen aufkleben. Das restliche Gesicht mit schwarzem Filzstift aufmalen. Mit weißem Lackmalstift die Lichtpunkte in die Augen malen. Mit dem Buntstift in Rosa die Wangen röten.

3 Die dunkelgrünen Grasbüschel von hinten, die Grasbüschel mit Grasdruck von vorne an den Pilz kleben.

4 Die Schultüte zusammenkleben und den Verschluss einstecken. Die Spitze ca. 28 cm hoch mit zurechtgeschnittenem roten Fotokarton umkleben (siehe Vorlagenbogen A). Das Krepppapier wie in der allgemeinen Anleitung beschrieben in die Schultüte kleben und mit der roten Kordel zubinden.

5 Die grünen Kordelstücke wie in der Abbildung zu sehen an den Schultütenrand und an den Rand der roten Spitze kleben. Den Fliegenpilz auf die Schultüte kleben. Zuletzt die Deko-Pilze mit Heißkleber an die Ecken des Schultüten-Rohlings kleben.

Tipp

Für eine passende Tafel kopieren Sie die Vorlage des Pilzes mit dem Faktor 50% und fertigen ihn wie beschrieben an. Fixieren Sie ihn mit Klebekissen an einer kleinen Tafel. Für eine längere Lebensdauer können Sie den Pilz laminieren. So wird er beim Säubern der Tafel nicht nass.

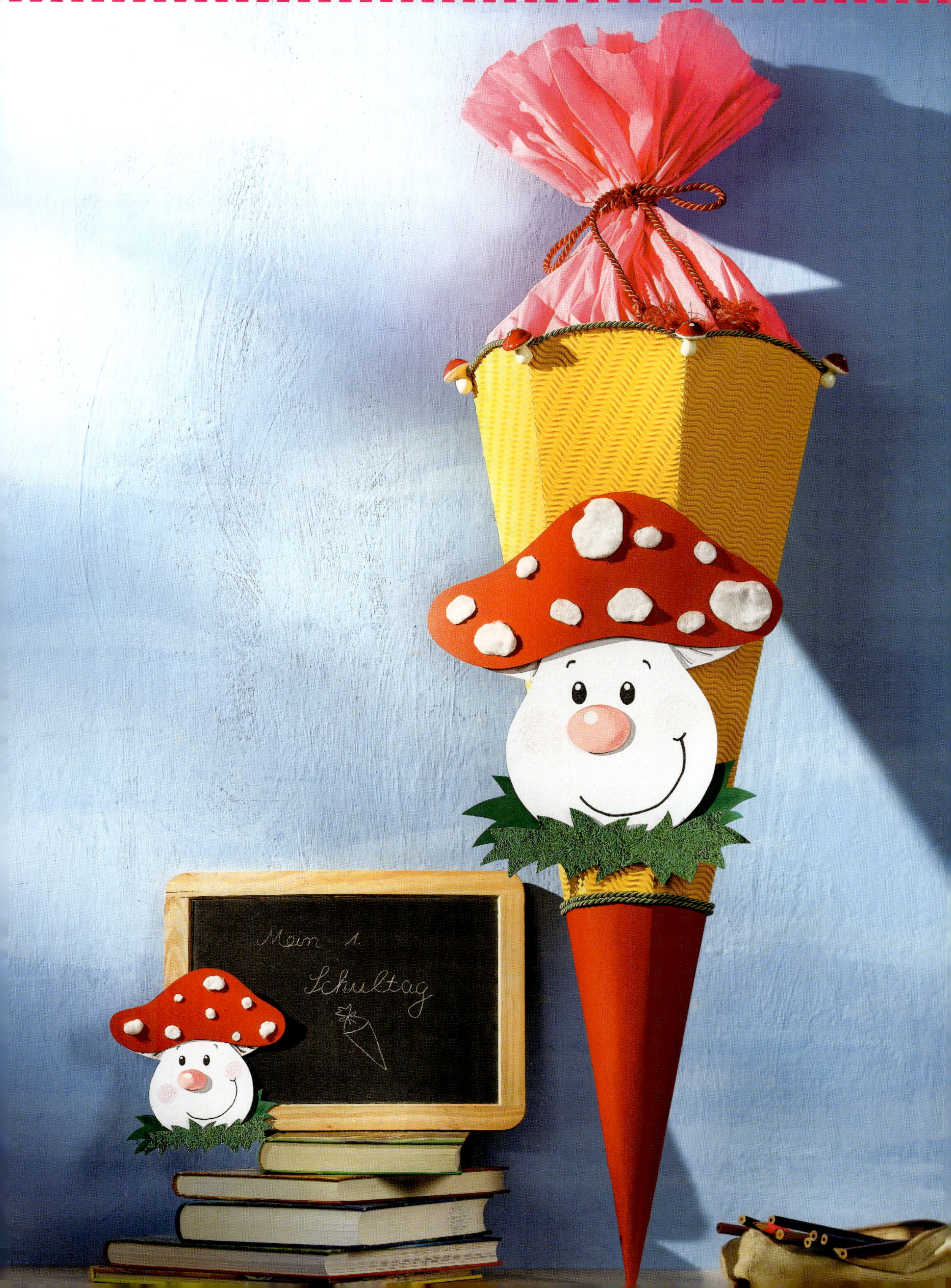
Mein 1.
Schultag

Raumfahrer

→ Besuch beim Mann im Mond

MATERIAL

- Fotokarton mit Sternenhimmel, 60 cm x 58 cm
- Fotokarton in Rot und Gelb, A4
- Fotokartonreste in Orange, Dunkelorange, Hellblau, Dunkelblau, Weiß und Hautfarbe
- Hologrammpapierrest im Silber
- Rolle Krepppapier in Gelb, 40 cm breit
- Chenilledraht in Silber, 2 x 30 cm lang
- Buntstift in Orange

VORLAGE SEITE 61 UND VORLAGENBOGEN A + B

1 Aus dem Sternenhimmelpapier die Grundform für die Schultüte schneiden (siehe Vorlagenbogen A) und diese mit Klebstoff zusammenkleben. Das Krepppapier einkleben und mit den beiden Chenilledrahtsträngen schließen. Die Enden spiralförmig einrollen.

2 Die Einzelteile für die Schultütendekoration auf den entsprechenden Karton übertragen und ausschneiden. Die Rakete aus rotem Fotokarton mit dem Hologrammpapier bekleben. Die Flügel und den bemalten Feuerschweif von hinten befestigen. Den kleinen Astronauten zusammenfügen, ausgestalten und hinter das ausgeschnittene Fenster der Rakete kleben. Dahinter die orangefarbene Scheibe anbringen. Auf die Rakete mit Buntstift in Weiß die Streifen für einen plastischen Effekt aufmalen.

3 Den Mond sowie die verschiedenen Sterne und Planeten mit Bunt-, Filz- und Lackmalstiften gestalten. Den Saturn aus seinen Einzelteilen zusammensetzen.

4 Die Rakete mit Raumfahrer sowie die Planeten, den Mond und die Sterne auf der Tüte verteilt fixieren.

Tipp

Einen echten Raumfahrer-Stundenplan fertigen Sie an, indem Sie die Rakete mit dem Faktor 50% kopieren. Arbeiten Sie die Rakete wie oben beschrieben, allerdings ohne Raumfahrer. Den Mond und die Sterne kopieren Sie mit dem Faktor 70%. Schneiden Sie einen A4 großen Bogen Fotokarton in Dunkelblau mit der Zackenschere nach und kleben Sie ein 26 cm x 18 cm großes Rechteck aus Sternenhimmelpapier auf. Ergänzen Sie einen Stundenplan sowie die Rakete, den Mond und die Sterne.

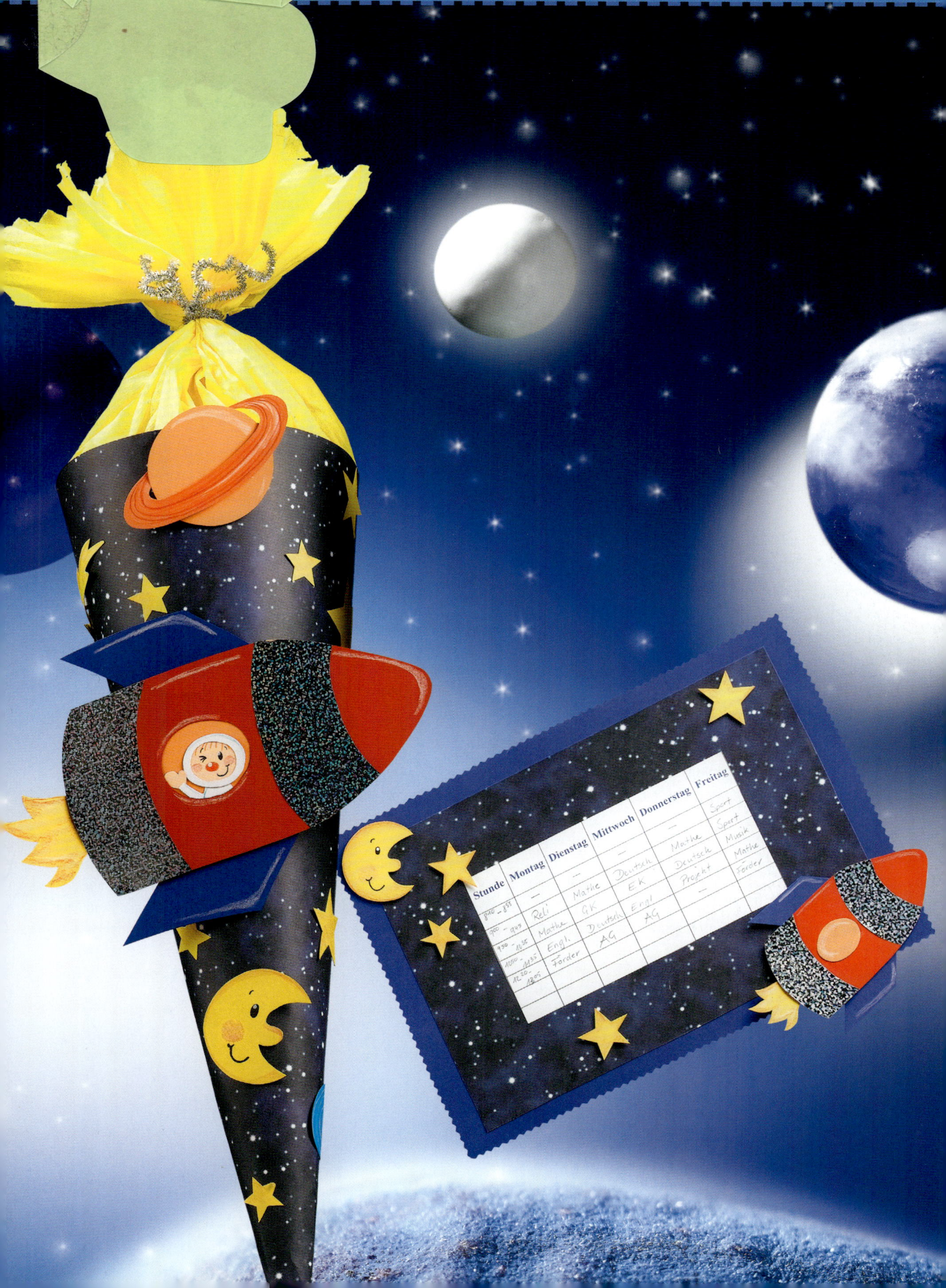
Stunde
Montag
Dienstag
Mittwoch
Donnerstag
Freitag

Indianerin

→ eine Squaw zum Schulanfang

MATERIAL
SCHULTÜTE

- sechseckiger 3D-Wellpapperohling in Rot, 68 cm hoch
- Rolle Krepppapier in Dunkelblau, 40 cm breit
- Fotokarton in Dunkelgrün, A3
- Fotokarton in Braun, A4
- Fotokartonreste in Gelb, Hautfarbe, Hellgrün, Orange, Hellbraun, Rosa, Weiß und Rot
- 20 Wollfäden in Schwarz, 20 cm lang
- Schmuckband mit Zackenmuster in Rot-Grün-Beige, 1 cm breit, 40 cm lang
- Lederband in Natur, ø 1 mm, 1 m lang
- Band in Rot-Weiß kariert, 4 mm breit, 2 x 6 cm lang
- je 2 Perlen in Rot, Gelb, Orange und Braun, ø 8 mm
- Buntstifte in Orange und Grün

GESCHWISTERTÜTE

- Fotokarton in Rot, 40 cm x 45 cm
- ½ Rolle Krepppapier in Dunkelblau, 25 cm breit
- Fotokartonreste in Orange, Hellgrün, Braun, Rosa und Hautfarbe
- 22 Wollfäden in Schwarz, 12 cm lang
- Lederband in Natur, ø 1 mm, 50 cm lang
- je 2 Holzperlen in Rot, Gelb, Orange und Braun, ø 8 mm
- Schmuckband, 1 cm breit, 20 cm lang

VORLAGE SEITE 60 UND VORLAGENBOGEN A + B

Schultüte

1 Alle Einzelteile ausschneiden. 19 Wollstränge in der Mitte mit einem einzelnen Strang zusammenbinden und am Kopf fixieren. Nach dem Trocknen zu zwei Zöpfen flechten und mit je einem Karobändchen abbinden. Die Nase auf den Kopf kleben und das Gesicht aufmalen. Die Feder mehrmals einschneiden und am Hinterkopf befestigen. Das Stirnband mit rotem und grünem Buntstift bemalen und auf den Kopf kleben.

2 Das Kleid mit den grünen Borten verzieren. Diese mit den Buntstiften bemalen. Hände, Schuhe und Fransen an den Ärmeln ergänzen. Alle Teile des Totempfahls zusammenfügen und gemäß Abbildung bemalen. Die Sonne ebenfalls zusammenkleben und mit Buntstiften verschönern.

3 Den Schultütenrohling nur an zwei Seiten falten, Vorder- und Rückseite bleiben gerade. Das Krepppapier hineinkleben und mit dem Lederband zubinden. An den Enden jeweils vier verschiedenfarbige Perlen auffädeln und verknoten. Die Spitze mit grünem Fotokarton umkleben (siehe Vorlagenbogen A). Das Schmuckband entlang dem Rand der Spitzenummantelung aufkleben. Sonne, Totem und Indianerin gemäß Abbildung auf die Schultüte kleben.

Geschwistertüte

1 Aus dem roten Fotokarton eine kleine Schultüte anfertigen (siehe Vorlagenbogen A). Das Krepppapier einkleben und mit dem Lederband zubinden. An jedes Bandende je vier verschiedenfarbige Perlen knoten.

2 Die Haare des Indianers mit einem einzelnen Strang Wolle zusammenbinden und am Kopf fixieren. Das Gesicht gestalten, die Feder an den Seiten mehrmals einschneiden und am Hinterkopf befestigen. Hose und Hemd mit grünen Rändern verzieren, mit Buntstiften bemalen und zusammenkleben. Hände und Schuhe ergänzen und ebenfalls bemalen. Das Schmuckband gemäß Abbildung um die Tüte kleben und den Indianerjungen anbringen.

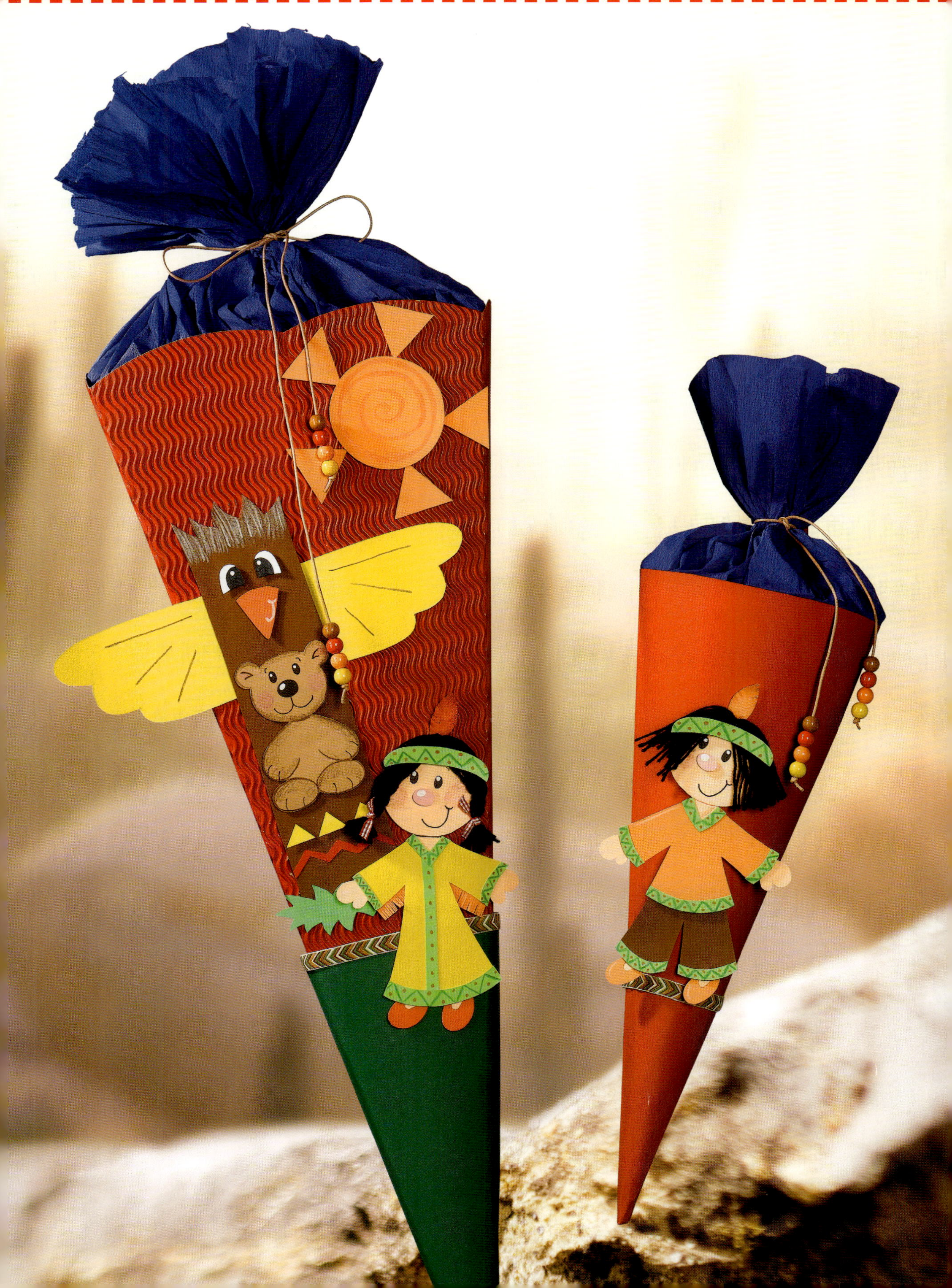

Wassermann

→ bunt und fröhlich

MATERIAL SCHULTÜTE

- Fotokarton in Türkis, 58 cm x 55 cm
- Fotokarton in Gelb, A3
- Krepppapier in Dunkelblau, 30 cm breit
- Krepppapier in Hellblau, 40 cm breit
- Fotokartonreste in Orange, Hellorange, Hautfarbe, Hellgrün, Grün, Dunkelblau und Weiß
- Satinband in Rot, 3 mm breit, 3 cm und 25 cm lang
- irisierende Halbperlen in Rot und Violett, je ø 1 cm
- irisierende Halbperlen in Hellgrün, 2 x ø 1 cm, 3 x ø 5 mm und 1 x ø 8 mm
- irisierende Halbperlen in Dunkelblau, 2 x ø 8 mm und 3 x ø 5 mm
- Buntstifte in Hellblau, Blau, Gelb und Orange
- Organzaband in Blau, 4 cm breit, 80 cm lang

GESCHWISTERTÜTE

- Fotokarton in Dunkelblau, A3
- ½ Rolle Krepppapier in Dunkelblau, 25 cm breit
- Schleifenband in Türkis, 4 cm breit, 80 cm lang
- Fotokartonreste in Hellgrün und Orange
- Fotokarton in Gelb, A4

VORLAGE SEITE 60/61 UND VORLAGENBOGEN A + B

Schultüte

1 Aus Fotokarton in Türkis gemäß Vorlagenbogen eine Schultüte zuschneiden, mit Wellenlinien bemalen, drehen und zusammenkleben. Die Spitze ebenfalls gemäß Vorlage aus gelbem Fotokarton anfertigen, bemalen und um die Schultüte kleben.

2 Alle Motivteile auf den entsprechenden Fotokarton übertragen und ausschneiden. Haare und Bart auf den Körper des Wassermannes kleben. Die gelbe Krone auf den Kopf setzen. Die beiden Flossenteile zusammenkleben und am Bauch befestigen. Die Armbänder sowie den zweiteiligen Dreizack und die rote Nasenperle ankleben. Den Wassermann gemäß Abbildung mit Bunt-, Filz- und Lackmalstiften bemalen und dann in die Muschelkutsche setzen. Die Muschelinnenseite von hinten ankleben. Krone, Dreizack und Kutsche mit Halbperlen verzieren und die Kutsche dann wie auf dem Bild zu sehen mit weißem Buntstift bemalen.

3 Das Seepferdchen laut Abbildung zusammenfügen und bemalen. Die Satinbänder ankleben und die Klebestelle mit der violetten Halbperle verdecken. Das längere Satinband mit der Kutsche verbinden und das Ende unter einer grünen Halbperle verstecken.

4 Den Seestern und die Alge bemalen und auf die Tüte kleben. Das blaue Krepppapier mittig falten, raffen und einkleben. Dahinter das hellblaue Papier befestigen und nur dieses mit dem Organzaband verschließen. Den Wassermann und das Seepferdchen zuletzt mit Klebekissen auf die Schultüte kleben.

Geschwistertüte

1 Aus dem blauen Fotokarton gemäß Vorlagenbogen eine kleine Schultüte, 40 cm hoch, zuschneiden und zukleben. Das Krepppapier anbringen und mit der Schleife schließen.

2 Das Seepferdchen wie oben beschrieben anfertigen und auf die Schultüte kleben.

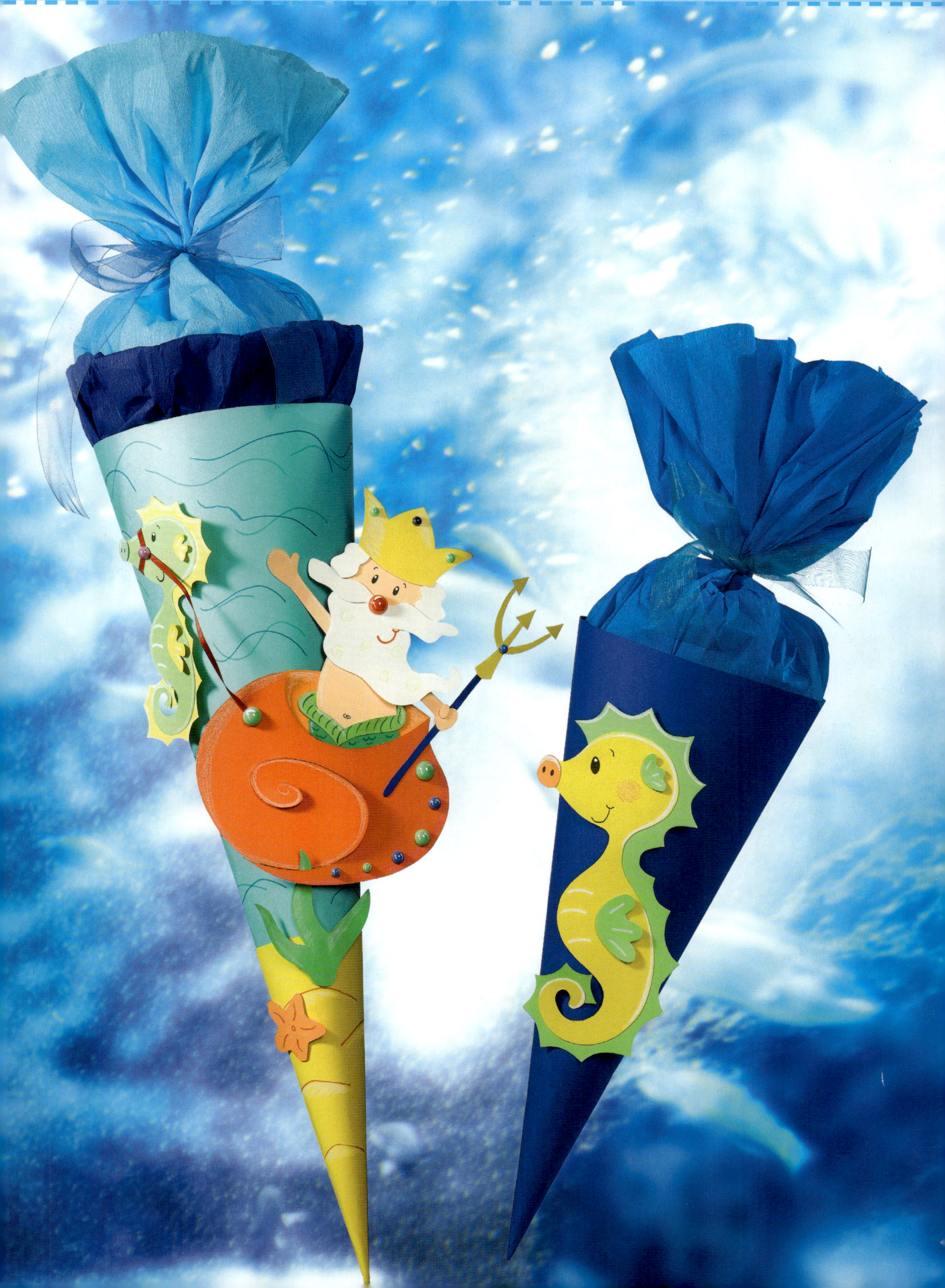

Ballerina

→ ein Traum in Rosa

MATERIAL

- Schultütenrohling in Pink, 70 cm hoch
- je 1 Rolle Krepppapier in Rosa, 38 cm breit, und Pink, 35 cm breit
- Krepppapierstreifen in Rosa und Pink, 25 cm x 50 cm (Rose)
- Tonpapier in Rosa, A4
- Fotokarton in Hautfarbe, 50 cm x 70 cm
- Tonpapierrest in Gelb
- Tonpapierstreifen in Weiß, 14 cm x 21 cm (Tütenrand)
- Hologrammfolienstreifen in Silber, 14 cm x 21 cm (Tütenrand) und 8 cm x 62 cm (Tütenspitze)
- Tüllband in Rosa, 10 cm breit, 2 x 50 cm lang
- Stoffröschen in 3 x Rosa und 2 x Bordeaux, je ø 1,5 cm
- Satinband in Rosa, 4 cm breit, 1,10 m lang
- Buntstift in Pink
- Blumendraht, 50 cm lang
- Faden in Rosa
- Nadel

VORLAGENBOGEN B

1 Alle Einzelteile auf den entsprechenden Karton übertragen und ausschneiden. Haare, Gesicht, Schuhe, Stirnband und Trikot auf den Körper kleben. Das Gesicht und die Schuhbänder aufmalen.

2 Für das Röckchen die beiden Tüllbänder in Falten legen und mit Nadel und Faden leicht zusammennähen (siehe Skizze auf Vorlagenbogen B). Die beiden Teile übereinander an die Taille der Ballerina kleben. Die Röschen auf den Rockbund kleben.

3 Die Hologrammfolie für den Tütenrand auf dem weißen Tonpapierstreifen abziehen. Die Bögen auf der Tonpapierseite aufzeichnen und ausschneiden. Den Streifen falten und mit Kleber am inneren und äußeren Tütenrand befestigen. Das Stück Hologrammfolie für die Spitze nicht vom Schutzpapier abziehen, sondern auf diese Rückseite Bögen malen und ausschneiden. Dieses Stück nun mit Klebstoff um die Schultütenspitze kleben.

4 Die Tänzerin auf die Schultüte kleben. Das Krepppapier in die Tüte kleben und mit dem Band in Rosa zubinden. Für die Rose die beiden Krepppapierstreifen längs falten, beide Streifen aufeinanderlegen, zusammenrollen und mit dem Draht so zusammenbinden, dass zwei Drahtstücke zur Befestigung am Verschluss stehen bleiben. Die Rose mit dem Draht an der Schleife befestigen.

Tipp

Bemalen Sie eine Utensilienschachtel, ø 12,5 cm, 6 cm hoch, mit Acrylfarbe in Rosa. Bekleben Sie den Schachteldeckel mit einem Tonpapierkreis in Rosa desselben Durchmessers. Arbeiten Sie den Ballerinakopf wie beschrieben und kleben Sie ihn auf den Tonpapierkreis. Nun falten Sie ein rosa Tüllband, 10 cm breit und 2 m lang, der Länge nach in der Mitte, legen es in Falten, nähen es zusammen und kleben es mit der Naht an den Deckelrand (siehe Skizzen Vorlagenbogen).

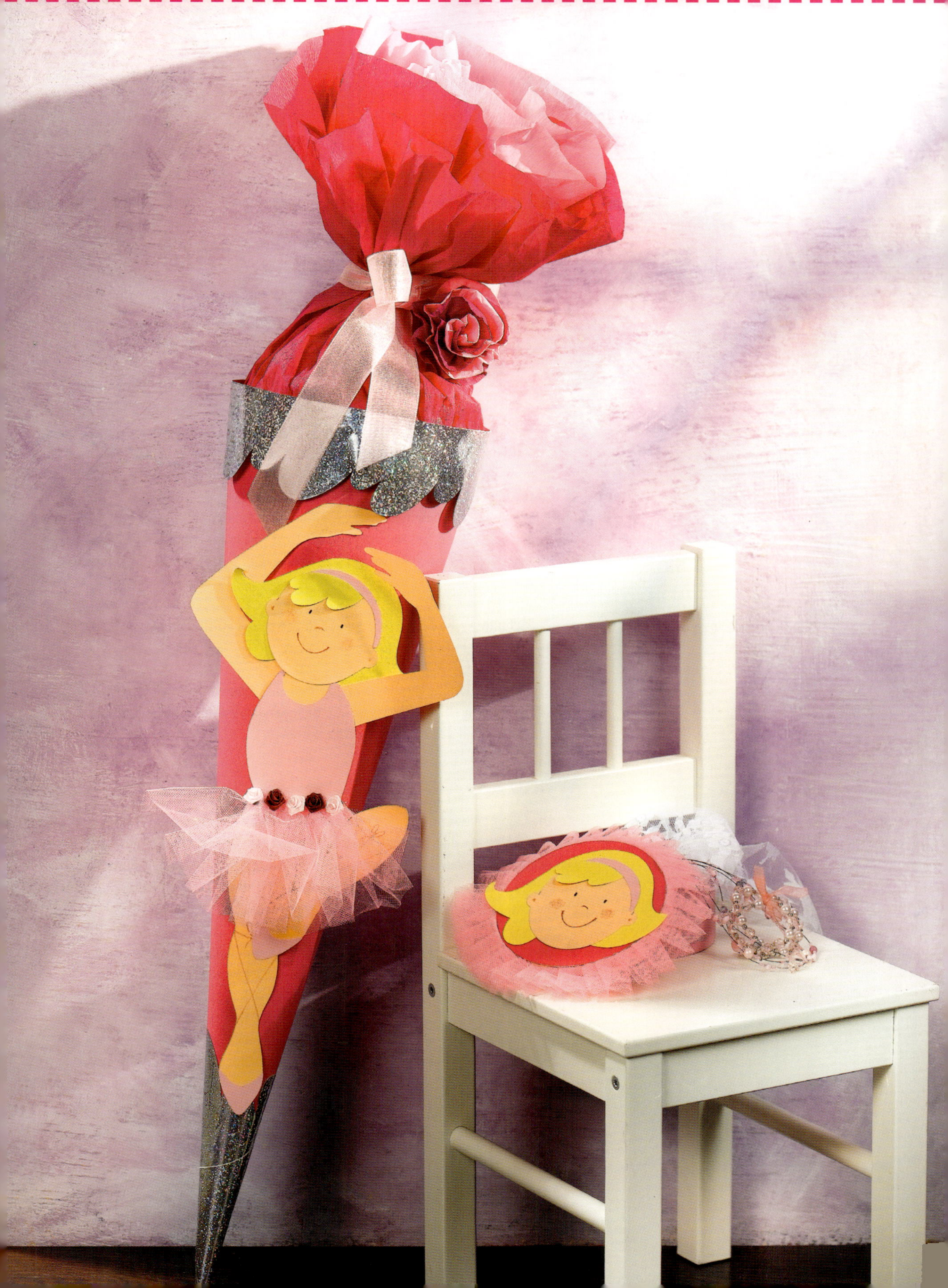

Lustiger Clown

→ flitzt in die Schule

MATERIAL SCHULTÜTE

- sechseckiger 3D-Wellpapperohling in Weiß, 68 cm hoch
- Rolle Krepppapier in Regenbogenfarben, 50 cm breit
- Fotokartonreste in Hautfarbe, Dunkelblau, Hellblau, Rosa, Rot, Hellgrün, Gelb, Weiß, Orange, Gold und Lila
- Scrapbookingpapierrest in Bunt gestreift
- 6 Wollfäden in Hellgelb, 16 cm lang
- Tüllband mit Punkten in Weiß, 10 cm breit, 90 cm lang
- Buntstifte in Orange und Blau
- Filzstift in Blau
- feiner Filzstift in Rot (Clownmund)

WINDRAD

- Holzperle in Rot, ø 2 cm
- Holzperle in Natur, ø 1 cm
- Aludraht, ø 1 mm, 30 cm lang
- Rundholzstäbchen, ø 5 mm, 50 cm lang
- Fotokartonreste in Hautfarbe, Hellgrün und Weiß
- Scrapbookingpapier in Bunt gestreift, 29 cm x 29 cm

VORLAGE SEITE 56/57

Schultüte

1 Zunächst den Kopf, den Mund und die Nase ausschneiden und zusammenkleben. Den Hut aus den Einzelteilen fertigen und dem Clown aufsetzen. Das Gesicht aufmalen und das weiß schattierte Haarbüschel ergänzen.

2 Die Krawatte aus gelbem Fotokarton mit rosa- und orangefarbenen Karos verzieren. Die Krawattenteile übertragen und wie abgebildet am Hals des Clowns ankleben. Die restlichen Teile der Kleidung anfertigen, bemalen und zusammenkleben.

3 Die Autoteile ausschneiden und die Lichteffekte mit weißem Lackmalstift aufmalen. Mit Buntstift in Orange die Reifenkreise aufmalen. Das Lenkrad und die Reifen von hinten an das Auto kleben. Die Rahmen und das Licht von vorne aufkleben. Für das Licht und die Räder empfiehlt es sich Klebekissen zu verwenden. Den Clown von hinten an das Auto kleben.

4 Die Schultüte zusammenkleben und den Verschluss einstecken. Das Krepppapier einkleben und mit dem Tüllband zusammenbinden.

5 Sechs Luftballons in verschiedenen Farben ausschneiden und mit weißem Buntstift Lichteffekte setzen. Die Wollfäden um die Ballonenden knoten. Zum Schluss den Clown und die Ballons auf der Schultüte verteilt ankleben.

Windrad

1 Die Clownteile auf den entsprechenden Fotokarton übertragen, ausschneiden, zusammenkleben und bemalen. Die Holzperle auf den Aludraht fädeln und ein Drahtende fest um den restlichen Draht wickeln, um so die Holzperle zu fixieren. Nun das andere Drahtende durch die markierte Stelle im Clownsgesicht stecken. Mit weißem Lackmalstift einen Lichtpunkt auf die Perlennase des Clowns malen.

2 Das Scrapbookingpapier gemäß der Skizze auf dem Vorlagenbogen einschneiden (gestrichelte Linie) und an den markierten Stellen mit einer Nadel durchbohren. Die Ecken mit den durchbohrten Stellen nacheinander nach unten biegen, ebenfalls auf den Draht stecken und die Spitzen miteinander verkleben. Den Draht nun durch das Loch in der Mitte des Windrads und die Holzperle in Natur stecken. Den restlichen Draht zum Schluss um das Rundholzstäbchen wickeln und zusätzlich mit Kleber fixieren.

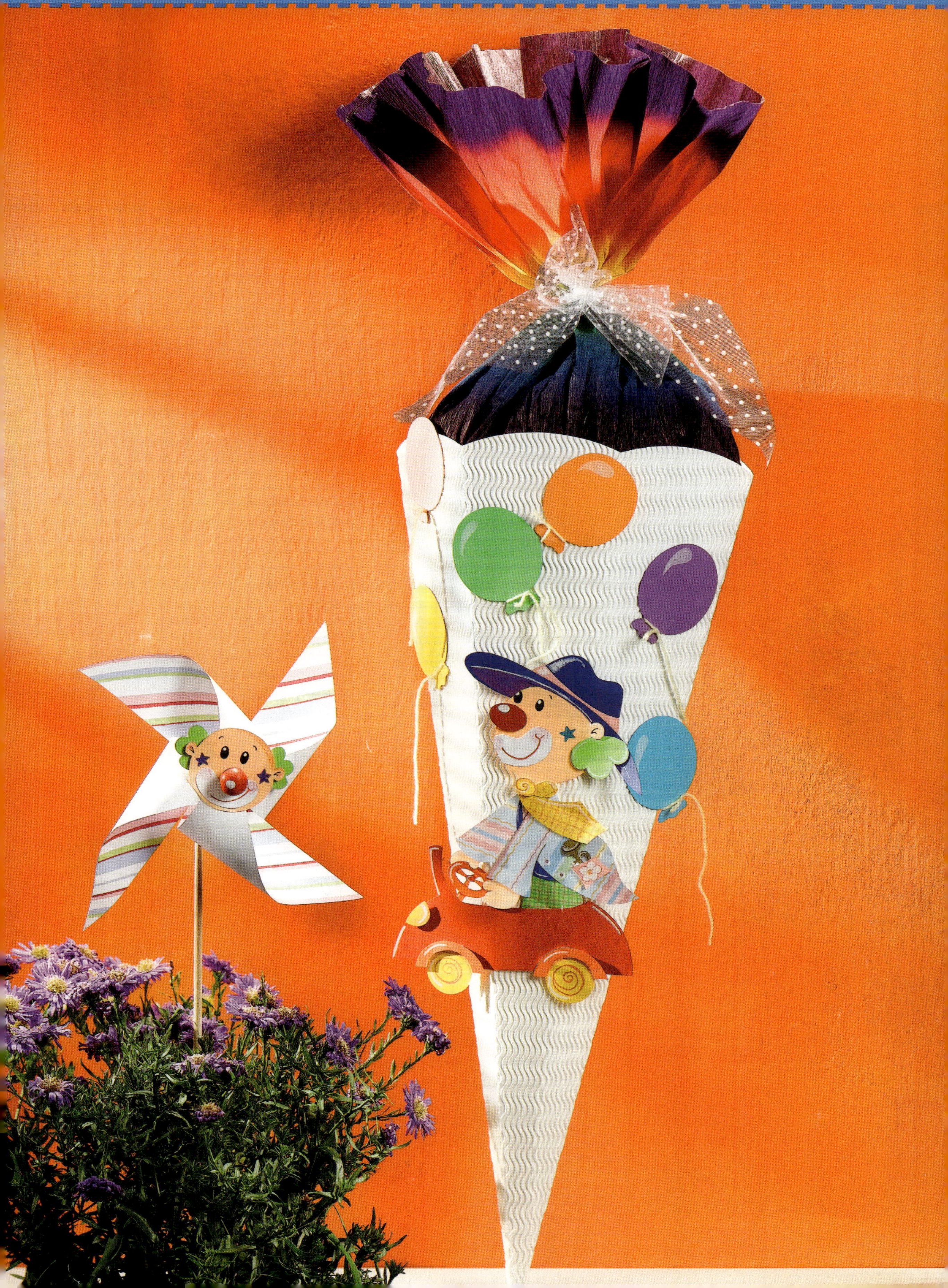

Wikinger

→ ganz wild

MATERIAL SCHULTÜTE

- sechseckiger 3D-Wellpapperohling in Blau, 68 cm hoch
- Rolle Krepppapier in Rot, 40 cm breit
- Fotokarton in Hellblau, A3
- Fotokarton in Rot, Weiß, Hellbraun und Braun, A4
- Fotokartonreste in Hautfarbe, Gold, Dunkelblau, Hellgrün, Rosa, Gelb und Orange
- Band in Blau, 1 cm breit, 15 cm lang
- Juteband in Natur, 5 cm breit, 80 cm lang
- Filzstift in Blau

GESCHWISTERTÜTE

- Fotokarton mit Wellenmuster, 45 cm x 40 cm
- Fotokartonreste in Orange, Hautfarbe, Gold, Hellbraun, Rosa und Braun
- ½ Rolle Krepppapier in Weiß, 25 cm breit
- Schleifenband in Blau, 1,2 cm breit, 40 cm lang

VORLAGE SEITE 54/55 UND VORLAGENBOGEN A + B

Schultüte

1 Alle Einzelteile auf den entsprechenden Fotokarton übertragen und ausschneiden. Die Embleme für die Wappen dabei je zweimal ausschneiden. Zunächst das Schiff zusammenkleben: Am Kopf des Drachens die Ohren, Zähne und Rückenzacken anbringen. Achtung: Das Ohr entlang der eingezeichneten Linie einschneiden und etwas versetzt wieder zusammenkleben. Das Auge mit einem feinen Filzstift in Schwarz aufmalen und mit einem Lackmalstift in Weiß einen Lichtpunkt setzen. Die Wange und das Innenohr mit Buntstift röten und die Hörner gemäß Abbildung bemalen.

2 Den Drachen am Bug des Schiffes festkleben. Die hellbraune Zierleiste anbringen und das Fähnchen am Heck befestigen. Die Schilde mit Klebekissen zusammensetzen und auf den Schiffsrumpf kleben.

3 Die Helmteile zusammenkleben und auf den Kopf des Wikingers kleben. Den Schnurrbart des Wikingers auf das große Bartteil kleben und auf dem Kopfteil anbringen. Die Nase aufsetzen und das Gesicht aufmalen. Mit einem Filzstift in Blau Nähte auf den Gürtel malen. Diesen um den Bauch kleben und mit der Gürtelschnalle verzieren. Den Rumpf mit dem Kopf verbinden. Von hinten die Arme und die Hände befestigen. In eine Hand die Axt geben und den Wikinger ins Schiff stellen. Mit einem Lackmalstift in Weiß die Lichtpunkte und Linien gemäß Abbildung aufmalen. Am Helmrand die kleinen Kreise mit weißem Lackmalstift und schwarzem Filzstift ergänzen. Die roten Fotokartonstreifen auf das weiße Segel kleben und dieses von hinten an das Schiff kleben.

4 Die Schultüte zusammenkleben und den Verschluss einklemmen. Die Spitze mit dem zugeschnittenen hellblauen Fotokarton (siehe Vorlagenbogen A) umkleben. Das Krepppapier einkleben und mit dem Juteband schließen. Die Wappen auf der Tüte befestigen. Zum Schluss das Wikingerschiff auf die Wellen der hellblauen Ummantelung setzen.

Geschwistertüte

1 Den Kopf des Wikingers auf dem Kopiergerät mit dem Faktor 200 % vergrößern und wie oben beschrieben gestalten.

2 Aus dem Wellenpapier gemäß Vorlagenbogen die Geschwistertüten-Grundform schneiden und zu einer Schultüte zusammenkleben. Das Krepppapier einkleben und mit der Schleife zubinden. Den Wikingerkopf auf der Tüte befestigen.

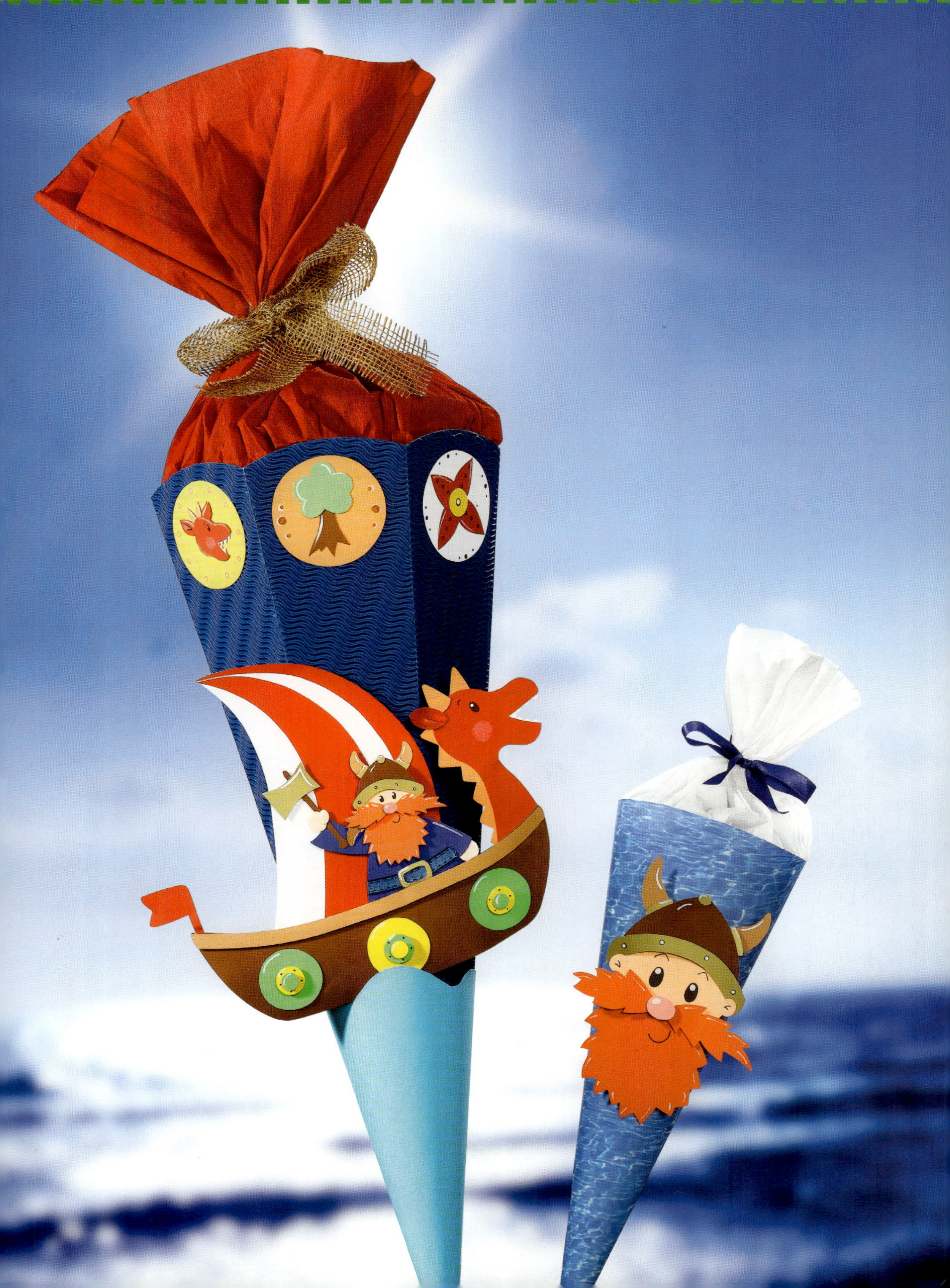

Bärchen

→ lustige Ballonfahrt

MATERIAL
SCHULTÜTE

- Fotokarton mit Wolkenhimmel, 56 cm x 53 cm
- Rolle Krepppapier in Weiß, 40 cm breit
- Fotokarton in Gelb, A4
- Fotokarton in Grau und Hellgrün, A3
- Fotokartonreste in Hellbraun, Beige, Schwarz, Rot und Rosa
- Scrapbookingpapierrest in Grün gemustert
- Papierdraht in Orange, 4 x 15 cm lang
- Band in Rot-Weiß kariert, 4 mm breit, 1 x 20 cm und 2 x 15 cm lang
- Organzaband in Blau, 4 cm breit, 80 cm lang
- Buntstift in Orange

GESCHWISTERTÜTE

- Fotokarton in Gelb, 40 cm x 53 cm
- ½ Rolle Krepppapier in Dunkelblau, 25 cm breit
- Fotokartonreste in Dunkelbraun, Hellbraun und Rosa
- Band in Blau, 1 cm breit, 45 cm und 25 cm lang
- Band in Pink, 1 cm breit, 40 cm lang
- Buntstift in Orange
- Filzstifte in Blau und Pink

VORLAGENBOGEN A + B

Schultüte

1 Die Einzelteile für den Ballon und den Bären vom Vorlagenbogen übertragen, ausschneiden, gemäß Abbildung zusammenkleben und bemalen. Achtung: Beim Bärchen die Ohren einschneiden, versetzt wieder zusammenkleben und von hinten am Kopf befestigen.

2 Den Ballon und den Korb mit den Papierdrahtstücken verbinden. Das lange Karobandstück am Korb befestigen, die überstehenden Enden auf der Rückseite fixieren. Aus den beiden anderen Bändern zwei Schleifchen binden und auf die Fotokartonsäckchen kleben. Das Bärchen in den Ballon setzen und die Hände anbringen.

3 Aus dem Wolkenpapier gemäß Vorlagenbogen eine Tüte schneiden und zusammenkleben. Das Krepppapier einkleben und mit dem Organzaband schließen. Die Tüte mit einer grünen Fotokartonspitze ummanteln. Die Gebirgskette auf den grauen Fotokarton malen, gemäß Vorlage zuschneiden und in die grüne Ummantelung kleben. Den Ballon mit Bär gemäß Abbildung auf die Schultüte kleben.

Geschwistertüte

1 Die Einzelteile auf den entsprechenden Fotokarton übertragen und das Bärchen wie abgebildet zusammenkleben. Das Gesicht mit schwarzem Filzstift und weißem Lackmalstift aufmalen. Die Schattierungen mit Buntstiften in Weiß und Rosa malen. Auf die Bänder mit Filzstift Nähte aufmalen. Das kurze blaue Band zu einer Schleife binden und dem Bären auf den Hals kleben.

2 Die Grundform für Geschwistertüten vom Vorlagenbogen auf den Fotokarton in Gelb übertragen, ausschneiden und entlang der Klebefläche zusammenkleben. Das Krepppapier einkleben und mit dem Band in Rosa zubinden. Das lange Band in Blau an den Schultütenrand kleben. Zuletzt das Bärchen auf die Tüte kleben.

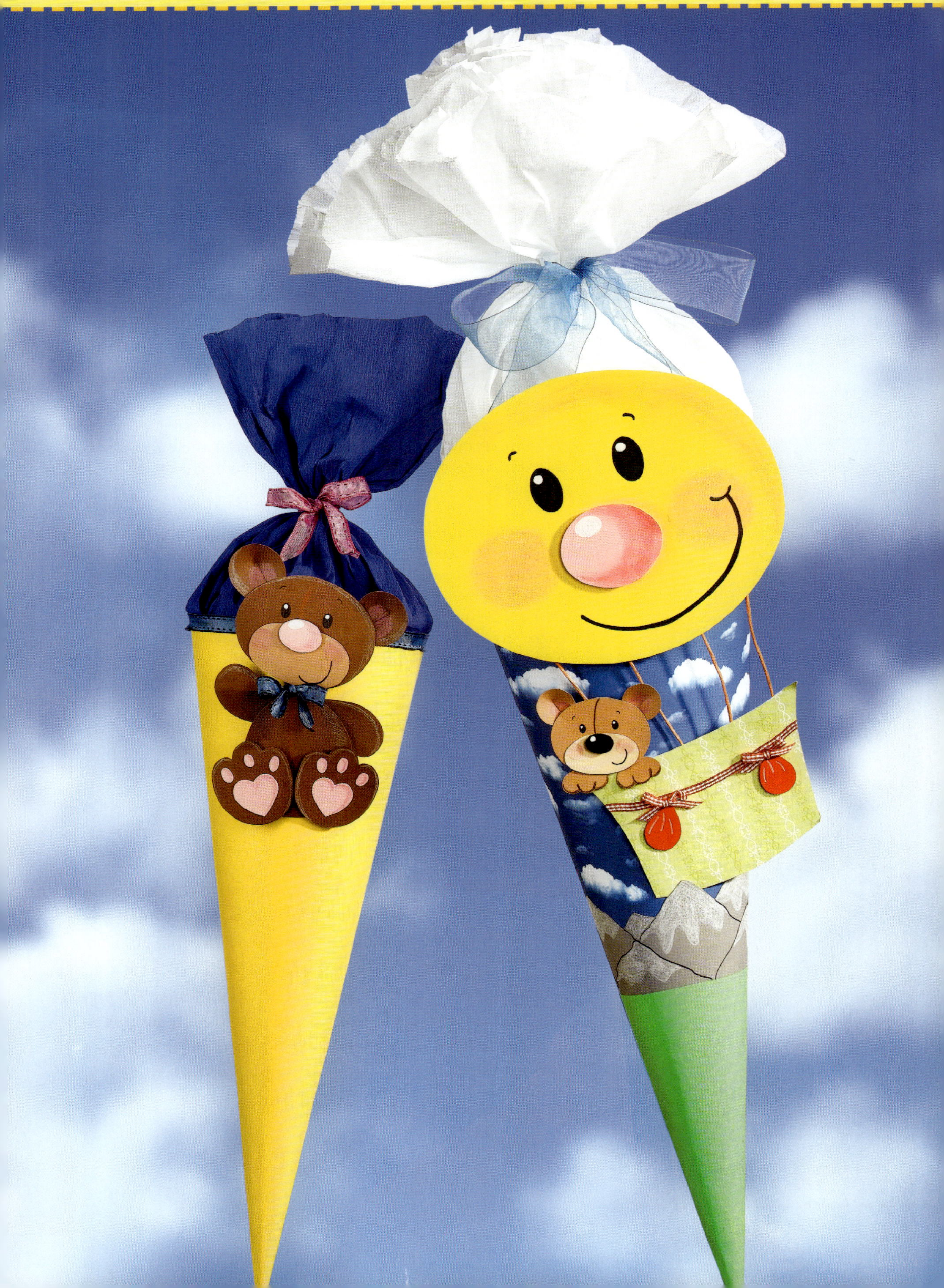

Elefant

→ ganz schnell gemacht

MATERIAL

- sechseckiger 3D-Wellpapperohling in Pink, 68 cm hoch
- Rolle Krepppapier in Weiß, 40 cm breit
- Krepppapier in Hellgrün, ca. 30 cm x 25 cm
- Fotokarton in Hellgrau, A4
- irisierende Papierreste in Gelb, Blau, Hellblau, Grün, Rosa und Weiß
- Tüllband mit Punkten in Weiß, 10 cm breit, 1 x 85 cm, 1 x 25 cm und 6 x 1 cm lang
- Glitterband in Silber, 1 cm breit, 20 cm lang
- Häkelband in Regenbogenfarben, 2 cm breit, 70 cm lang
- Klebebuchstaben, 5 mm hoch

VORLAGE SEITE 63 UND VORLAGENBOGEN B

1 Die Einzelteile für den Elefanten auf den grauen Fotokarton übertragen und ausschneiden. Die Ohren einschneiden und etwas versetzt wieder zusammenkleben. Die Einzelteile gemäß Abbildung zusammenkleben.

2 Das Gesicht, die Rüsselfalten und den Bauchnabel mit schwarzem Filzstift aufmalen. Die Zehen, die Rüsselspitze und die Schattierungen auf Ohren, Kopf und Bauch mit weißem Buntstift aufmalen. Die Wange und das Innenohr mit Buntstift in Rosa schattieren. Aus den verschiedenen irisierenden Papieren Seifenblasen ausschneiden und mit weißem Lackmalstift die Lichteffekte aufmalen. Das Glitterband um den Hals des Elefanten binden.

3 Die Schultüte zusammenkleben und den Verschluss einklemmen. Das Krepppapier einkleben und mit dem Häkelband verschließen. Das lange Tüllband am oberen Rand der Schultüte befestigen. Dazu ein Bandende mit etwas Kraftkleber auf der Rückseite der Tüte befestigen und zur ersten Ecke führen. Hier das Band mit einem der 1 cm langen Bänder abbinden und diese abgebundene Stelle an die Ecke kleben. Dann das Band zur nächsten Ecke führen, wieder abbinden und festkleben. So verfahren, bis das Tüllband rundherum verklebt ist. Überstehende Enden abschneiden.

4 Das hellgrüne Kreppstück mittig falten, mehrmals einschneiden und am unteren Ende der Schultüte fixieren. Das 25 cm lange Tüllband quer falten und das Krepppapier damit um die Schultüte binden. Den Elefanten und die Seifenblasen auf der Schultüte anbringen. Zum Schluss den Namen des Erstklässlers mit Klebebuchstaben aufsetzen.

Tipp

Verkleinern Sie den Elefanten mit dem Faktor 70% auf einem Kopiergerät und fertigen Sie ihn wie oben beschrieben an. Kleben Sie Wellpappe in Pink, 20,5 cm x 14,5 cm, Lila, 20,5 cm x 7 cm, und Weiß, 20,5 cm x 4,5 cm, zu Röhren. Fixieren Sie diese nebeneinander auf einem Fotokartonkreis in Rosa, ø 18,5 cm. Kleben Sie nun den Elefanten und ein bemaltes Fotokartonherz in Rosa auf die Röhre in Lila – fertig ist ein süßes Utensilo!

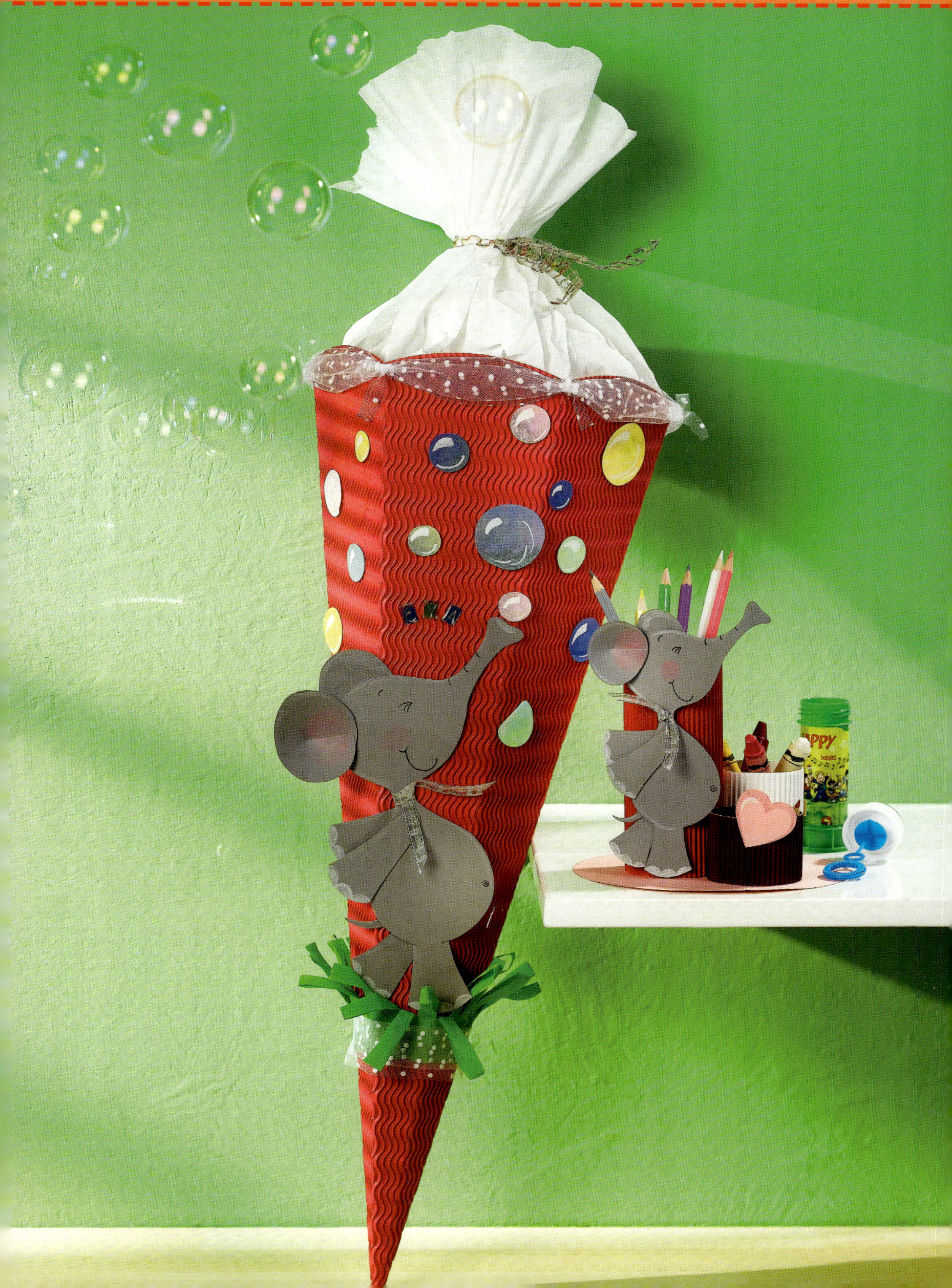

Kobold

→ am Ende des Regenbogens

MATERIAL

- Schultütenrohling in Weiß mit grünem Filzabschluss, 72 cm hoch
- Schleifenband in Pink, 1 cm breit, 50 cm und 12 cm lang
- Fotokarton in Hellgrün, A4
- Fotokartonreste in Dunkelgrün, Hautfarbe, Gelb, Rot, Orange, Blau, Gold, Dunkelorange, Schwarz, Braun und Hellblau
- Tonpapierreste in verschiedenen Grüntönen
- Motivlocher: Kleeblatt, ø 1 cm
- Satinband in Hellgrün, 1,5 cm breit, 20 cm und 29 cm lang
- Buntstifte in Gelb und Hellgrün

VORLAGE SEITE 58/59 UND VORLAGENBOGEN B

1 Zunächst die hellgrünen Bänder anbringen. Das kurze Band ca. 18 cm von der Tütenspitze entfernt um die Schultüte kleben. Das lange Band ca. 13 cm oberhalb des ersten Bandes um die Tüte kleben. Nun aus den Tonpapierresten so viele Kleeblätter ausstanzen, dass der gesamte Raum zwischen den Bändern damit beklebt werden kann.

2 Die Einzelteile auf den entsprechenden Karton übertragen und ausschneiden. Die Haare auf bzw. hinter den Kopf kleben. Den Hut aus den verschiedenen Einzelteilen zusammensetzen, auf den Kopf setzen und das kurze Schleifenband als Hutband aufkleben. Das Gesicht aufmalen und die Nase mit einem Klebekissen befestigen.

3 Den Anzug gemäß Abbildung zusammenkleben und bemalen. Die Schuhe und die Hände ergänzen. In eine Hand den Stock kleben. Den Goldtopf mit Münzen füllen. Den Regenbogen aus seinen verschiedenen Farben zusammensetzen und von hinten an den Topf kleben. Den Regenbogen von hinten an den Stock kleben. Hut, Schuhe, Hände, Stock, Regenbogen, Goldtopf mit Münzen und die Wolken gemäß Abbildung bemalen.

4 Den Kobold mit dem Regenbogen und dem Topf sowie die Wolken auf der Tüte fixieren. Diese zuletzt mit dem Schleifenband schließen.

Tipp

Vergrößern Sie den Goldtopf auf dem Kopierer mit dem Faktor 150% und gestalten Sie damit eine ungewöhnliche Pinnwand. Für den Regenbogen bemalen Sie einfach eine vorher zurechtgeschnittene Korkplatte mit Acrylfarbe.

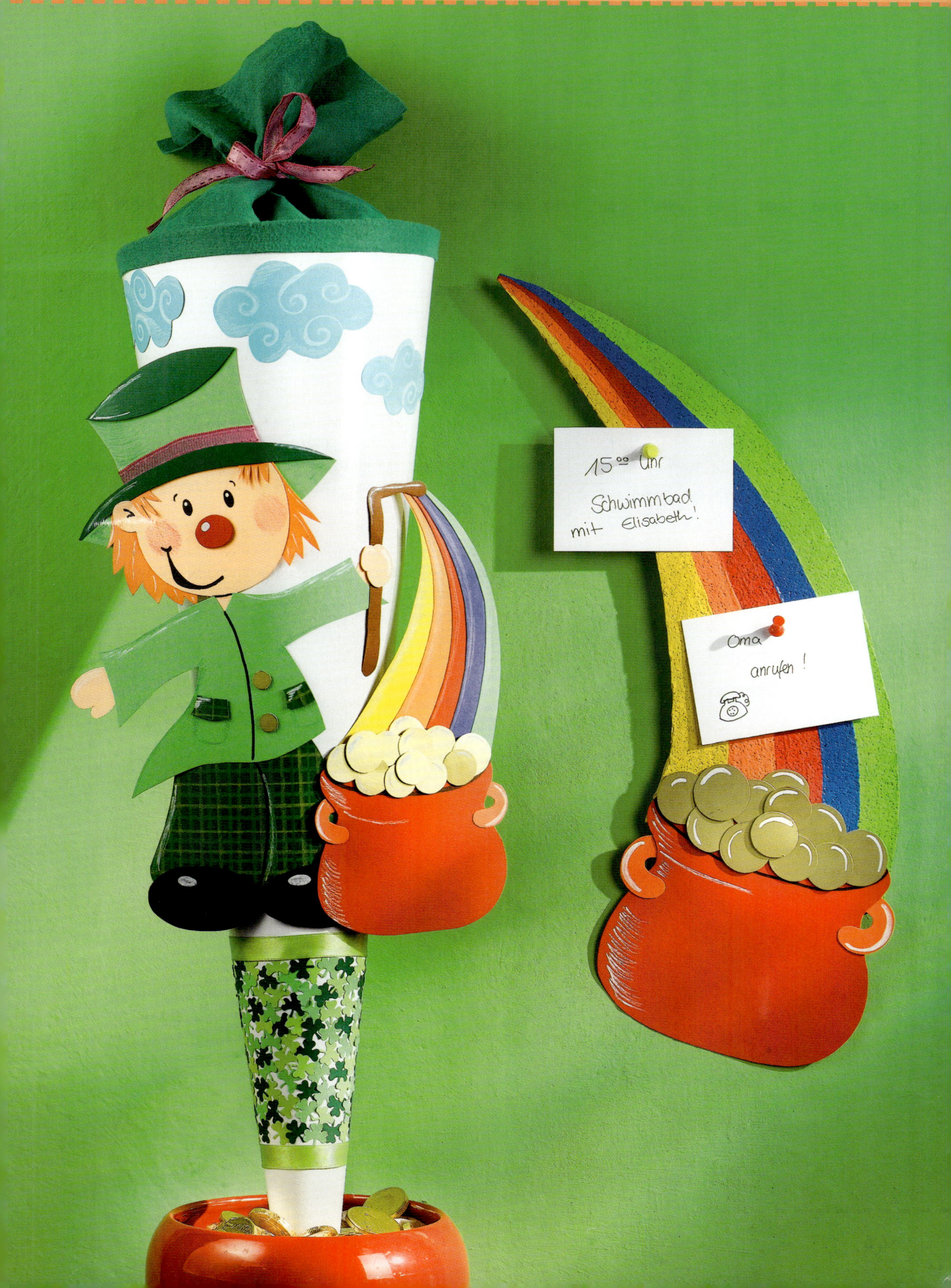
15⁰⁰ Uhr
Schwimmbad mit Elisabeth!
Oma anrufen!

Zauberkater

→ **Hokus Pokus Fidibus!**

MATERIAL

- sechseckiger 3D-Wellpapperohling in Rot, 68 cm hoch
- Rolle Kreppapier in Dunkelblau, 40 cm breit
- Fotokarton in Weiß mit Goldsternchen und Schwarz, A3
- Fotokarton in Dunkelblau, A4
- Fotokartonreste in Weiß, Gelb, Rosa und Hellgrün
- Tonpapierrest mit roten und blauen Sternen
- Scrapbookingpapierrest in Bunt gestreift
- Plastikkugelhälfte, ø 13,5 cm
- irisierendes Glitterpulver
- Kopierpapier in Weiß, 4 x A6
- Schleifenband in Gelb, 1 cm breit, 70 cm lang
- 9 Klebesternchen in Gold, verschiedene Größen

VORLAGENBOGEN A + B

1 Alle Teile vom Vorlagenbogen auf den entsprechenden Fotokarton übertragen und ausschneiden. Den Hut auf den Kopf des Zauberkaters kleben und mit den Goldsternchen und dem Hutband verzieren. Augen und Nase anbringen und das restliche Gesicht mit Bunt-, Filz- und Lackmalstiften ausgestalten. Den Schal, die Ohren und den Schwanz ankleben und ebenfalls bemalen.

2 Aus weißem Sternchenpapier einen Kreis, ø 13,5 cm, ausschneiden und auf den Bauch des Katers kleben. In die Halbkugel mit Klebstoff beliebige Linien zeichnen. Glitterpulver einstreuen, trocknen lassen und das überschüssige Pulver ausschütten. Die Kugel am Rand mit Kraftkleber bestreichen und über das Sternchenpapier kleben.

3 Die Vorderpfoten aus schwarzem Fotokarton mit weißem Buntstift bemalen und auf die Kugel kleben. Den Zauberstab zusammenkleben und mit weißem Buntstift schattieren. Für das Zauberbuch ein Stück Fotokarton in Hellgrün zurechtschneiden und in der Mitte falten. Vier Blätter Kopierpapier ebenfalls mittig falten, in den Fotokarton kleben und beschriften.

4 Die Schultüte zusammenkleben und den Verschluss einklemmen. Die Spitze mit der Ummantelung aus weißem Sternchenpapier umkleben. Das Kreppapier einkleben und mit der Schleife verschließen.

5 Den Kater, die Sterne, den Zauberstab und das Zauberbuch auf der Schultüte verteilt aufkleben.

Tipp

Gestalten Sie ein passendes Notizbuch! Dazu die Vorlage mit dem Faktor 50% auf dem Kopierer verkleinern. Den Katzenkopf, den Zauberstab und die Sterne wie beschrieben anfertigen und alles zusammen auf ein Notizbuch der Größe A5 kleben.

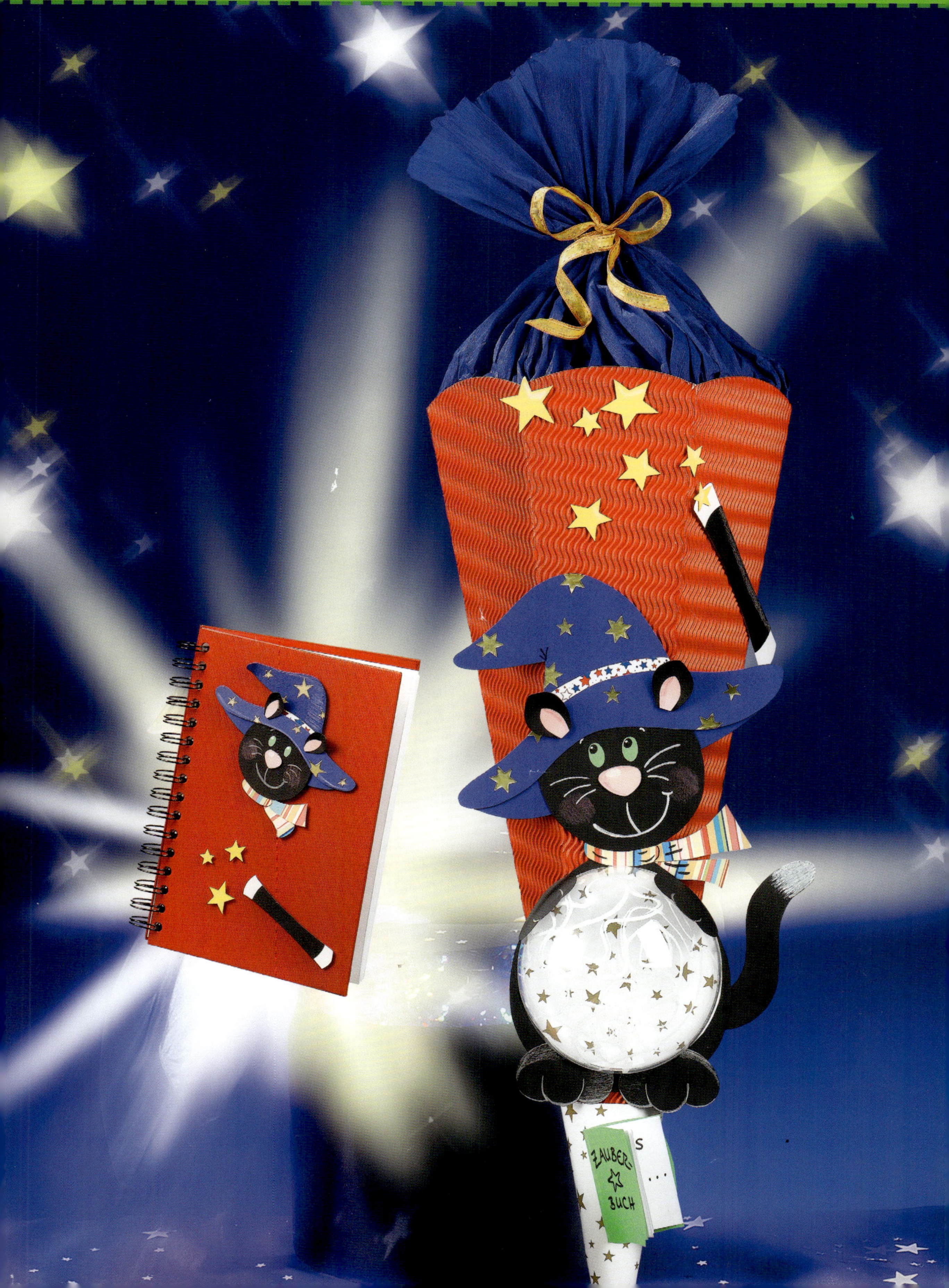
ZAUBER-BUCH

Waldfee

→ zauberhaft

MATERIAL SCHULTÜTE

- Schultütenrohling in Grün, 70 cm hoch
- je 1 Rolle Krepppapier in Mittelgrün und Hellgrün, 40 cm breit
- Krepppapierstreifen in Mittelgrün, 15 cm breit, 1 m lang
- Fotokarton in Mittelgrün, Hautfarbe und Pink, A4
- Tonpapierreste in Gelb, Orange, Pink und Schwarz
- Fotokartonrest in Gelb (Feenhaare)
- Architektenpapierrest
- Hologrammfolienrest in Silber
- Papierdraht in Hellgrün, ø 2 mm, 4 m lang
- Buntstift in Dunkelgrün
- transparentes Band in Pink, 8 mm breit, 1 m lang

GESCHWISTERTÜTE

- Fotokarton in Hellgrün, A3
- Krepppapier in Hellgrün, 22 cm x 130 cm, und Mittelgrün, 26 cm x 130 cm
- Tonpapierreste in Gelb, Orange und Schwarz
- Fotokartonreste in Mittelgrün und Pink
- transparentes Band in Pink, 8 mm breit, 50 cm lang

VORLAGE SEITE 53 UND VORLAGENBOGEN A

Schultüte

1 Die Einzelteile übertragen und ausschneiden. Achtung: Den Stern aus der Hologrammfolie schneiden, das Schutzpapier nicht abziehen! Die Feenflügel aus dem Architektenpapier anfertigen.

2 Die Schmetterlinge, die Blume, die Raupe und die Schnecke zusammenkleben und gemäß Abbildung bemalen. Die Fühler der Schnecke etwas einrollen. Die Blätter mit dunkelgrünem Buntstift schattieren. Bis auf zwei Blätter ein zur Spirale gewickeltes Stück Papierdraht, 20 cm bis 25 cm lang, von hinten an die Blätter kleben. Die Waldfee zusammenkleben und bemalen. Vom Papierdraht ein 8 cm und ein 4 cm langes Stück abschneiden. Auf ein Ende des langen Drahts den silbernen Stern kleben und der Fee auf die Hand kleben. Den 4 cm langen Draht von hinten an die Hand kleben.

3 Vom Papierdraht 2 m abschneiden und probeweise die Schultüte oben beginnend damit umwickeln. Den Verlauf am besten leicht mit Bleistift aufzeichnen. Nun den Draht mit Kleber um die Schultüte kleben. Am Ende der Spitze den Papierdraht fest herumwickeln und fixieren. Die Bleistiftlinien ausradieren.

4 Den Krepppapierstreifen beidseitig 5 cm tief und 1 cm breit einschneiden, aufeinanderfalten und bündig am Faltbug am oberen Tütenrand aufkleben. Die Fransen nach oben und unten falten. Das Band in Pink auf die Klebestelle kleben. Darauf den Schmetterling kleben. Das Krepppapier in die Tüte kleben und mit einem 60 cm langen Stück Papierdraht schließen. Die Enden drei- bis viermal um den kleinen Finger wickeln und je ein Blatt ohne Papierdraht aufkleben. Zuletzt alle Teile gemäß Abbildung auf die Schultüte kleben.

Geschwistertüte

Die Tütenform vom Vorlagenbogen auf den grünen Fotokarton übertragen, ausschneiden und zur Tüte kleben. Zunächst das hellgrüne, dann das dunkelgrüne Krepppapier einkleben. In das hellgrüne Krepppapier 5 cm tiefe und 1 cm breite Streifen schneiden. Die Tüte mit dem Band in Rosa schließen. Raupe, Blume und den Schmetterling wie oben beschrieben arbeiten und auf der Schultüte bzw. am Band fixieren.

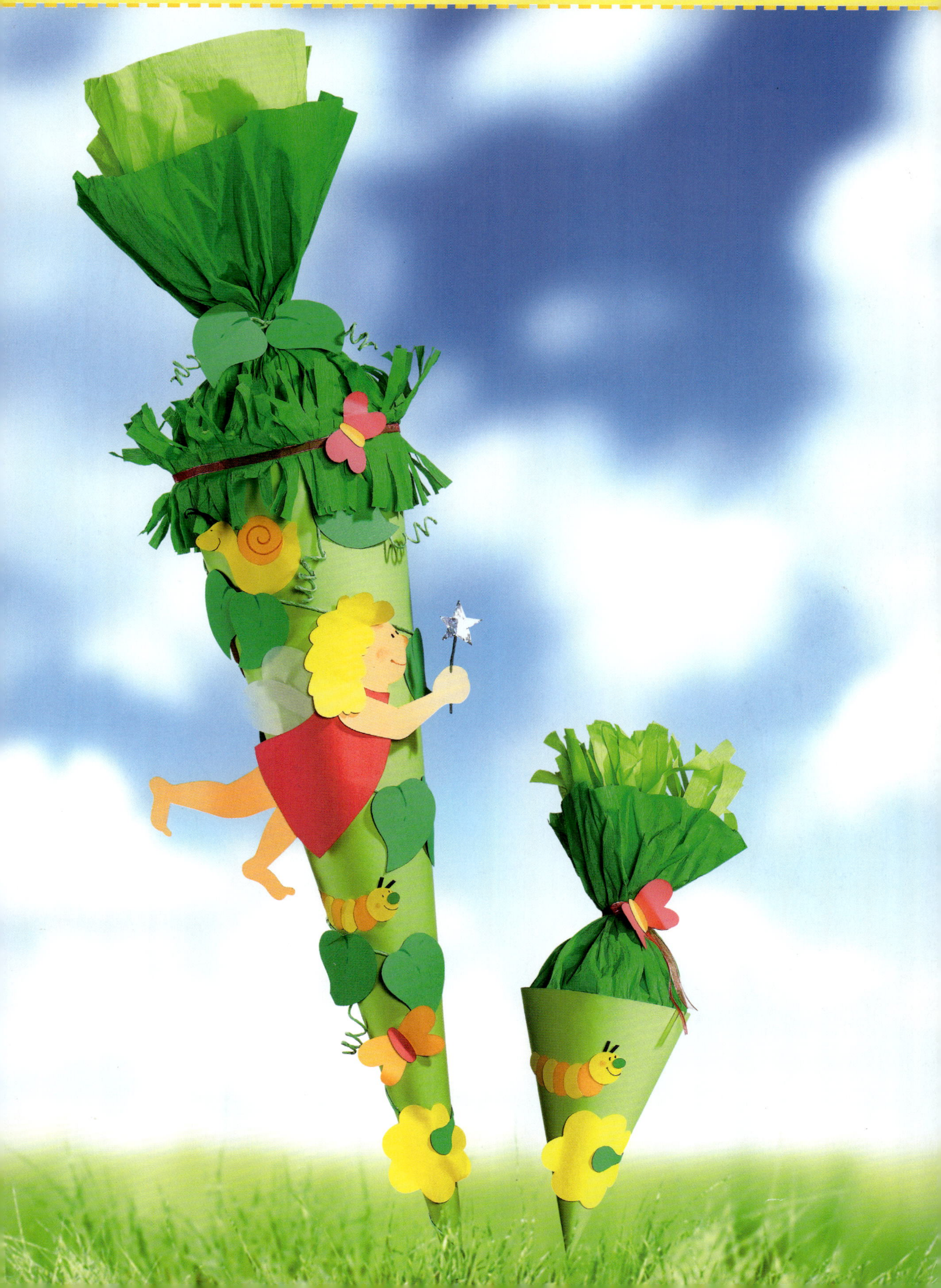

Hulagirl

SEITE 21

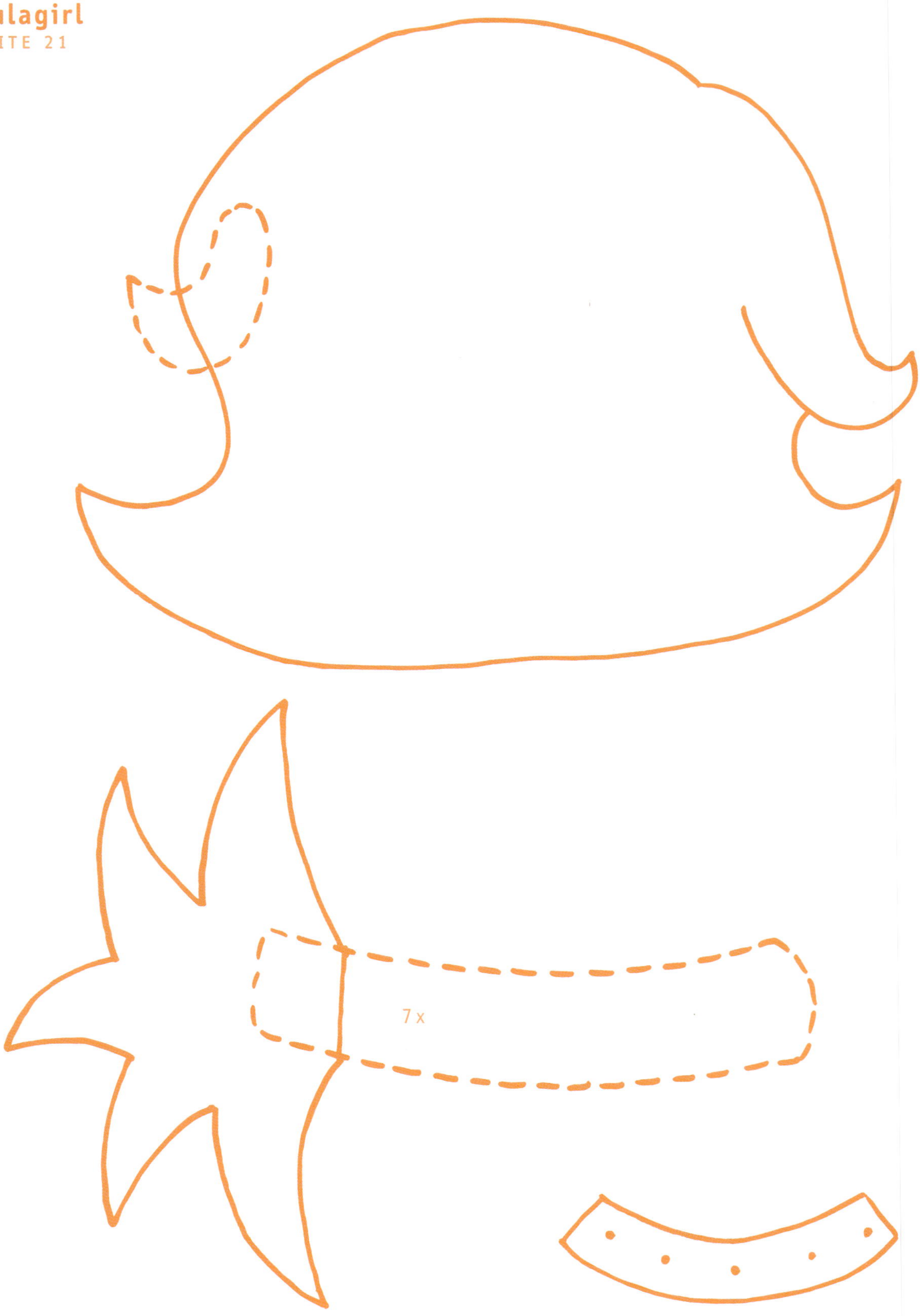

Drache
SEITE 19
Stifteköcher

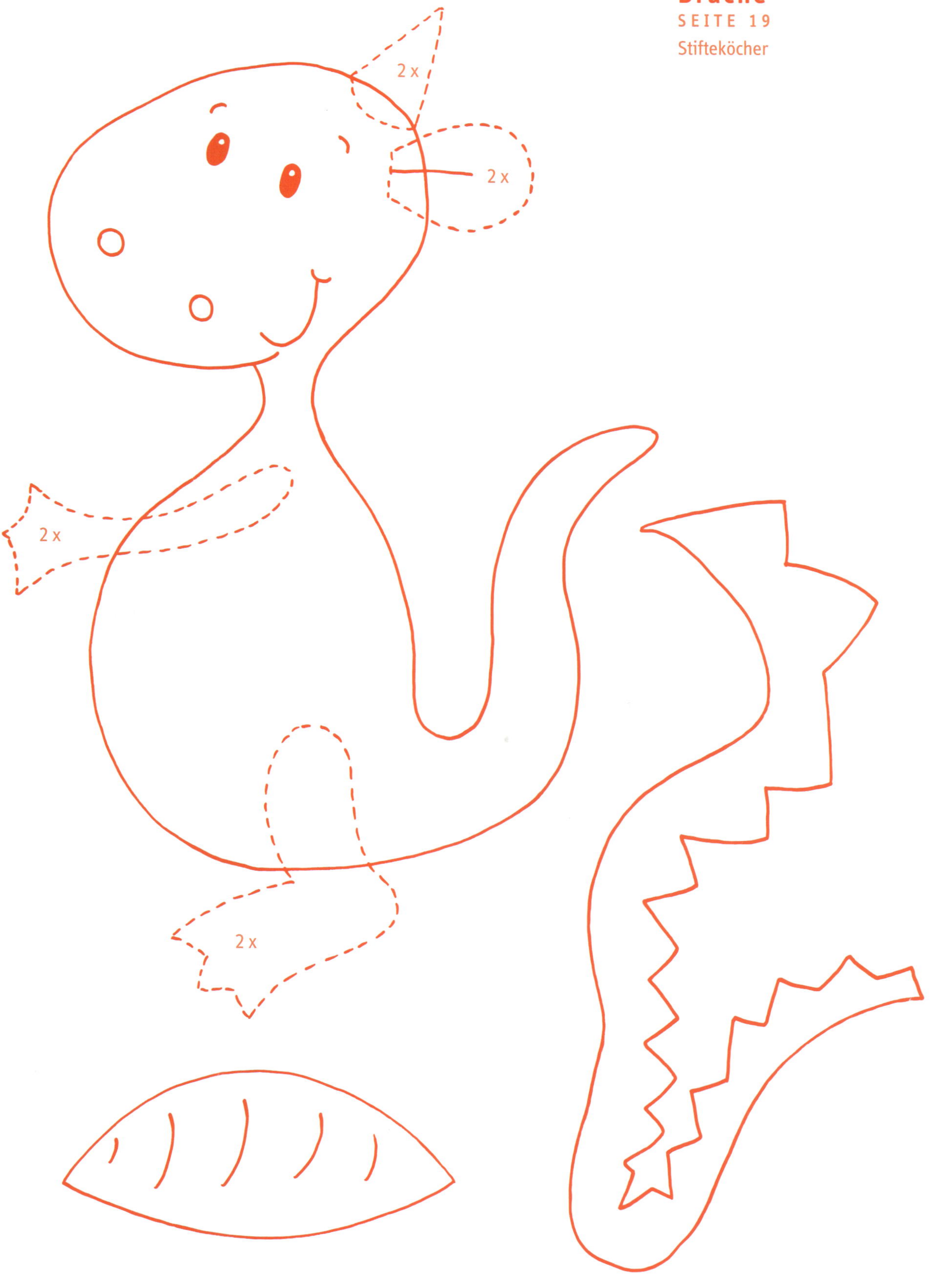

Drache
SEITE 19

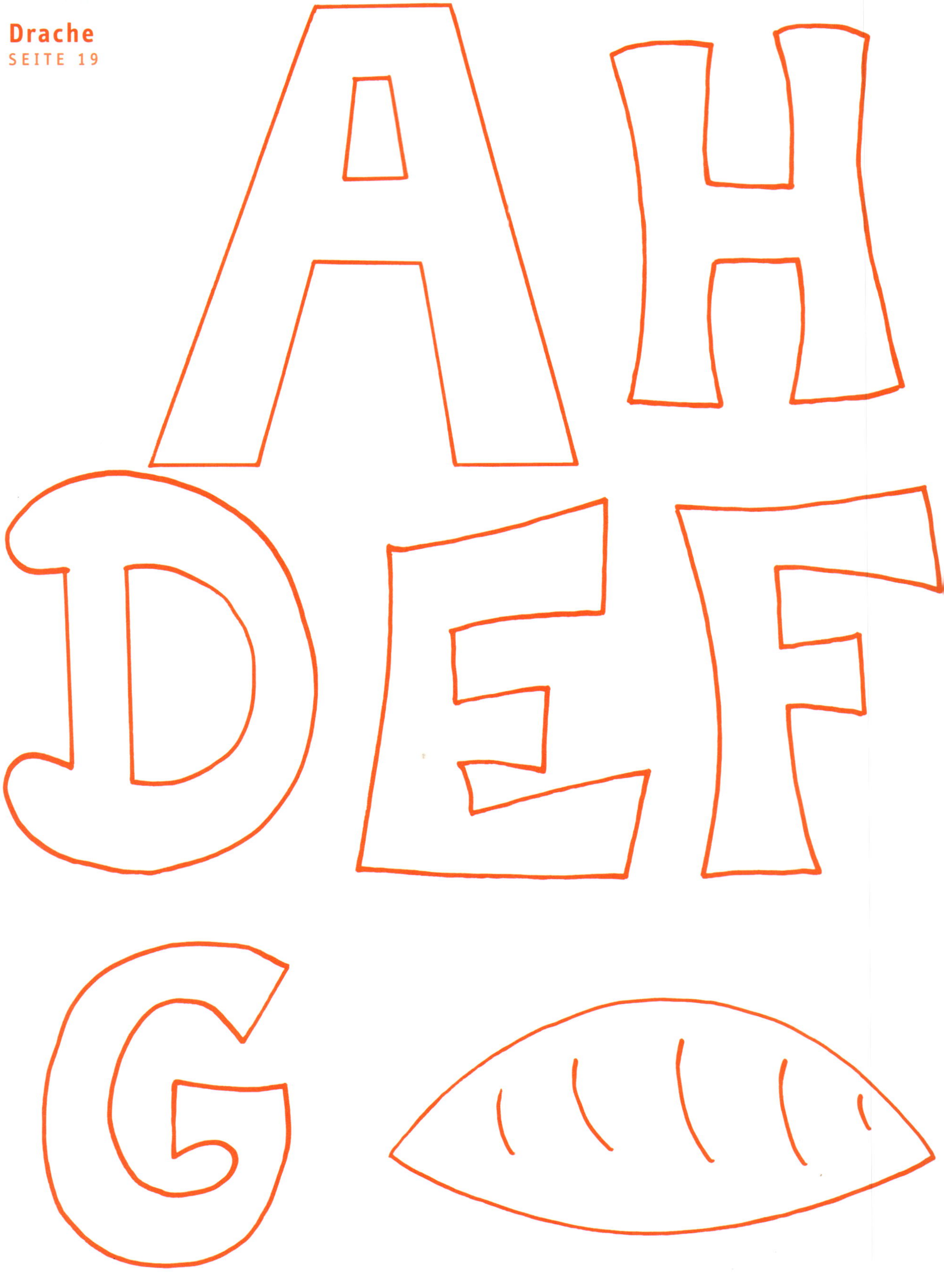

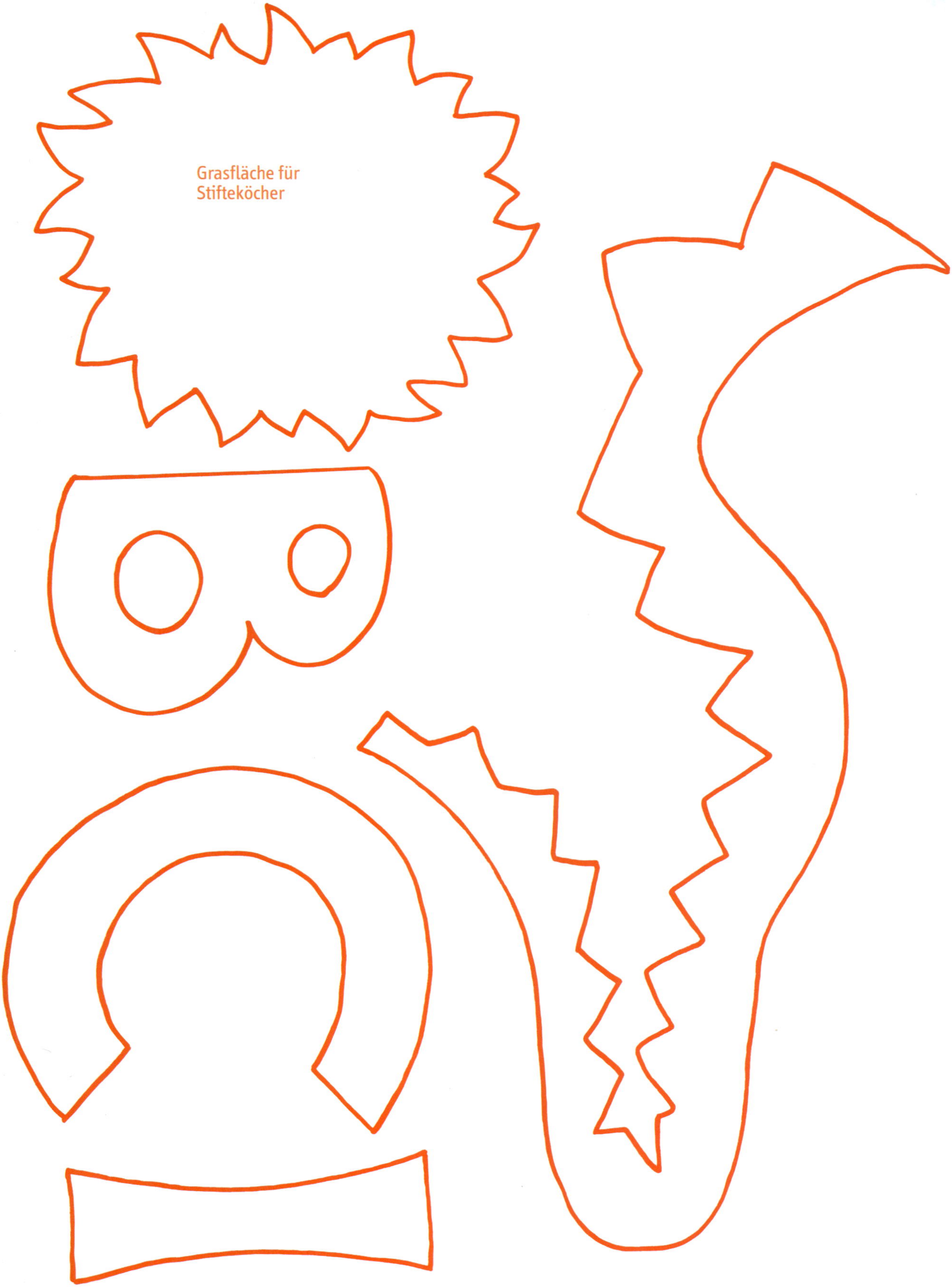
Grasfläche für
Stifteköcher

Drache

SEITE 19

Stifteköcher

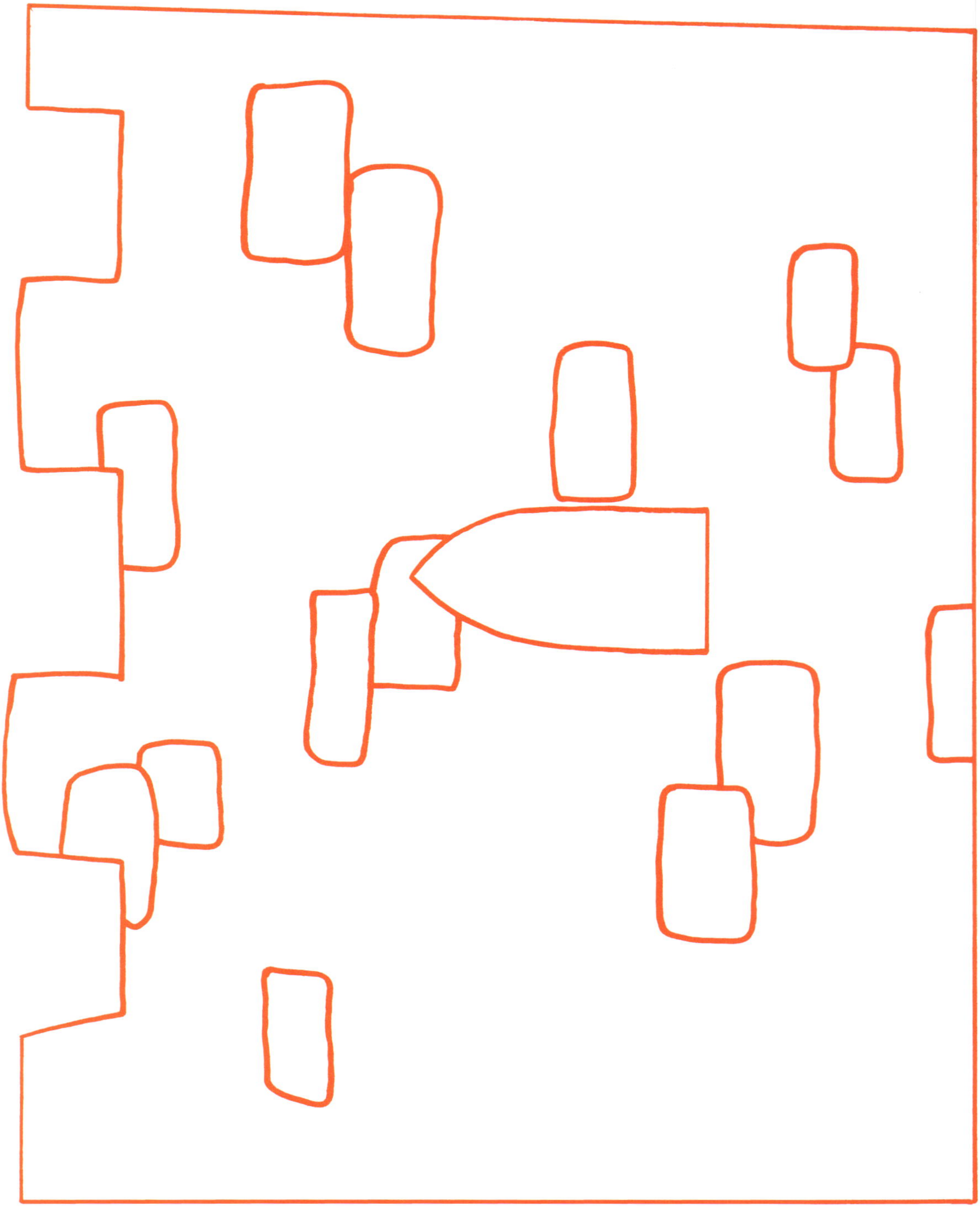

Waldfee

SEITE 47

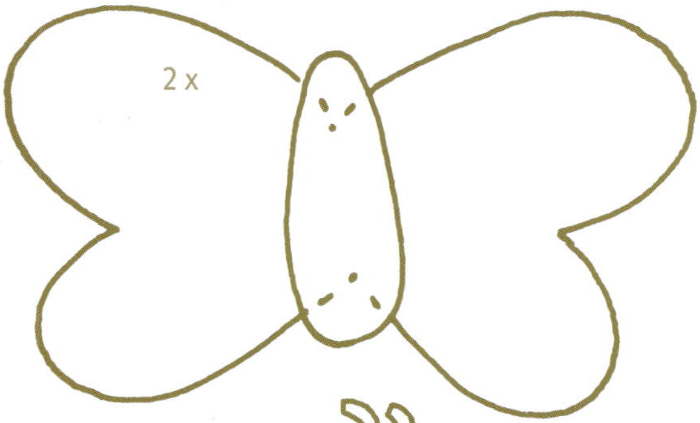

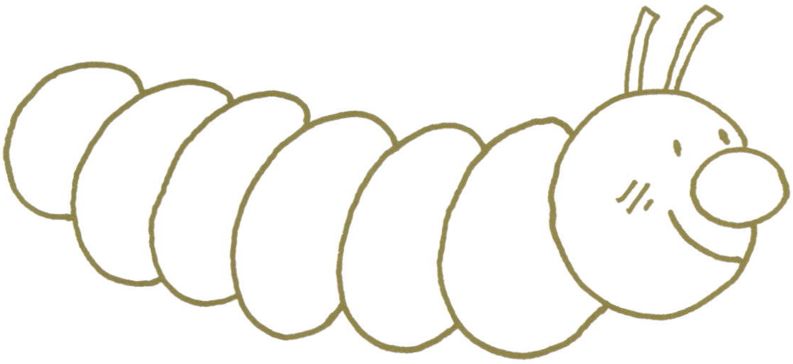

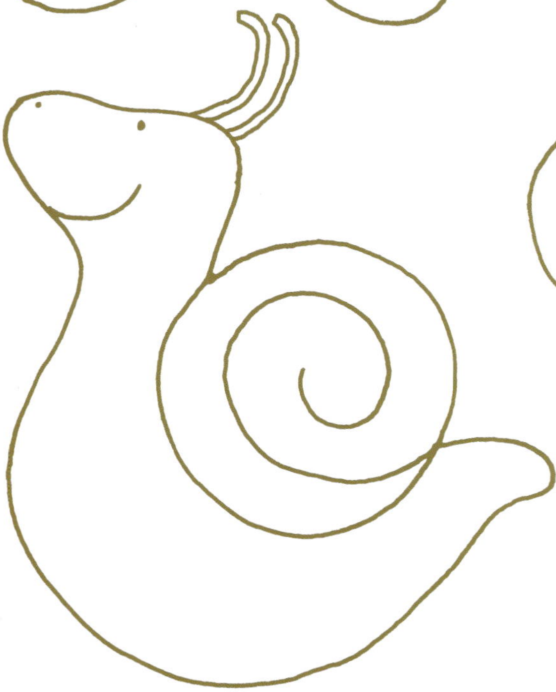

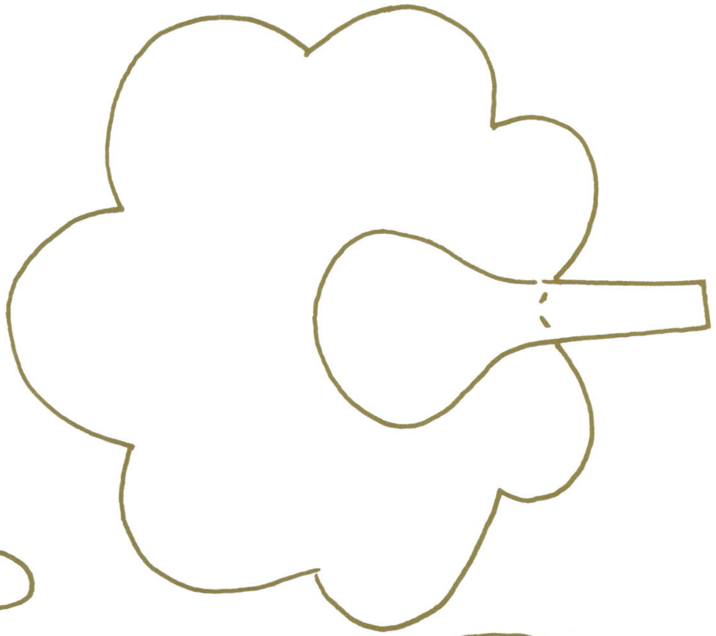

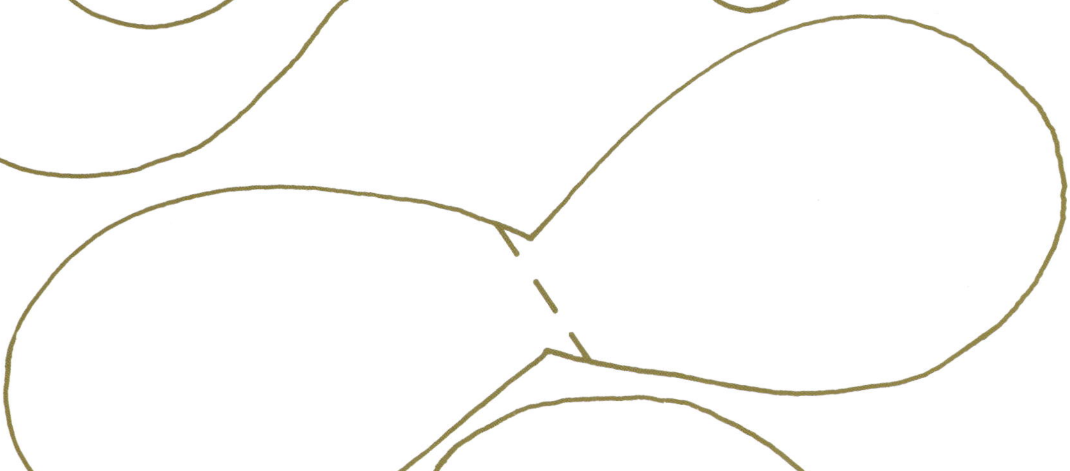

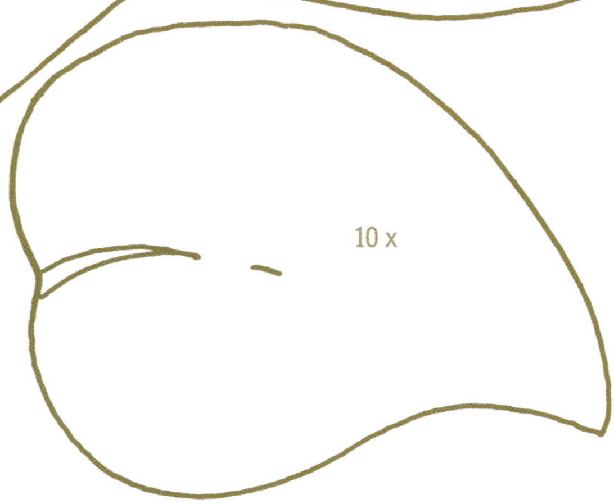

Wikinger

SEITE 37

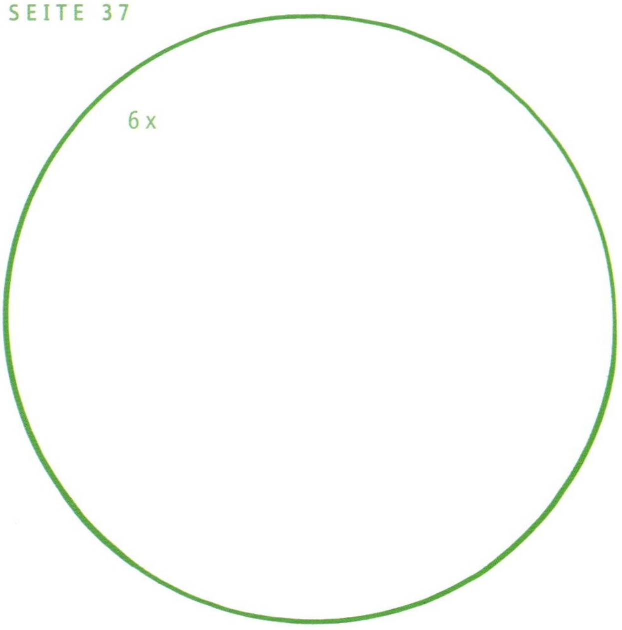

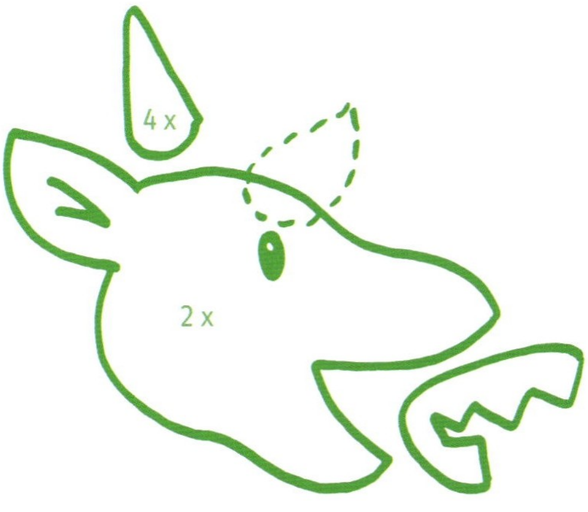

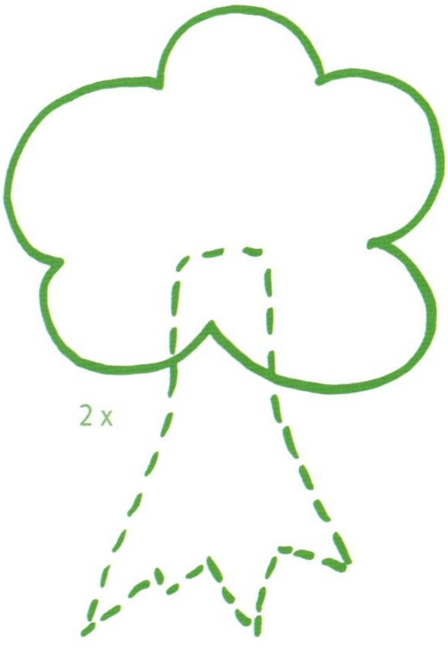

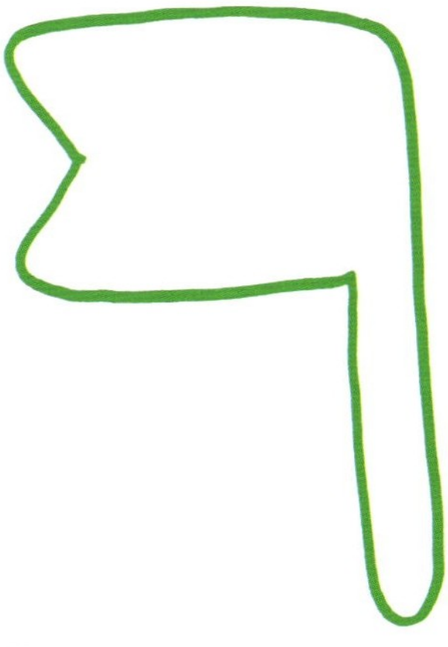

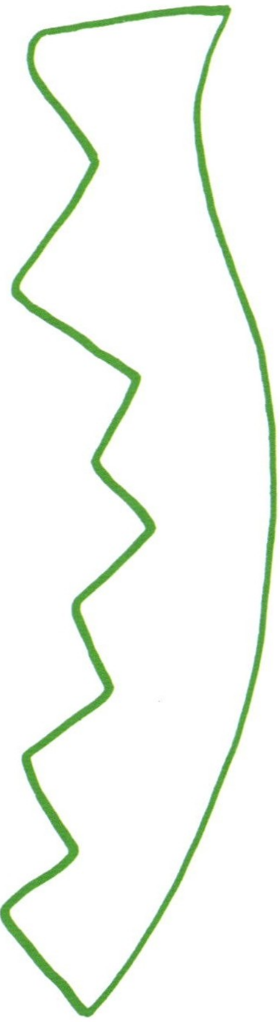

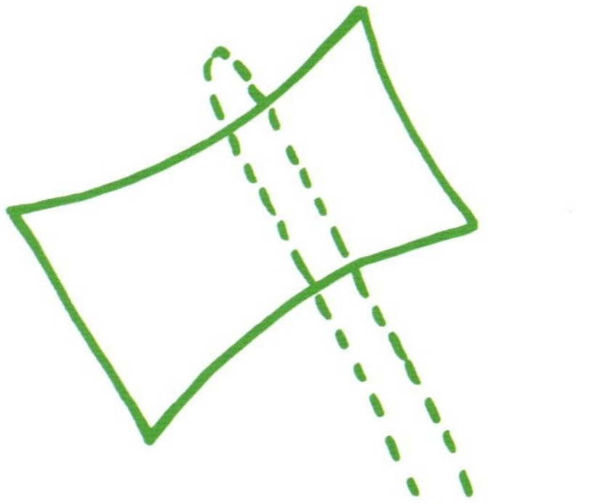

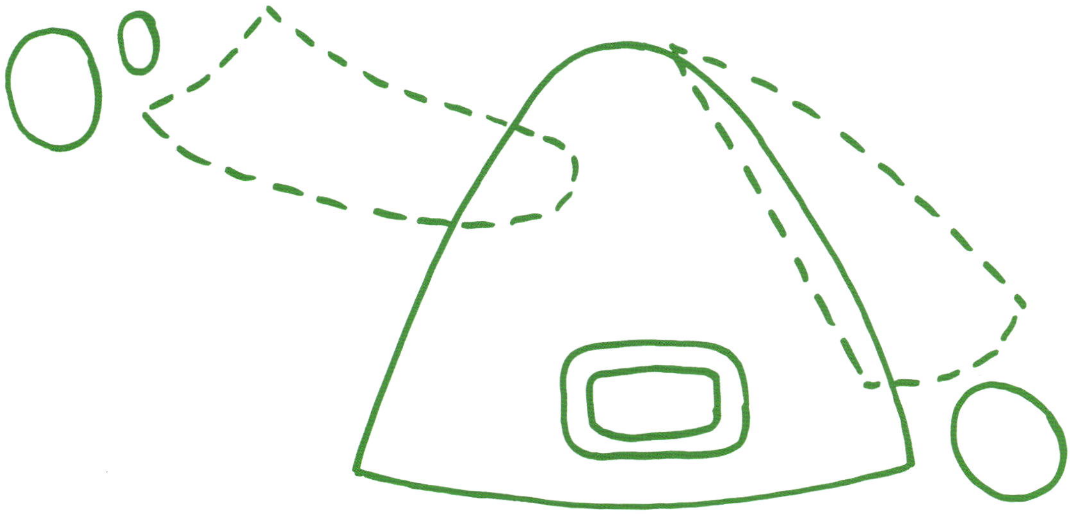

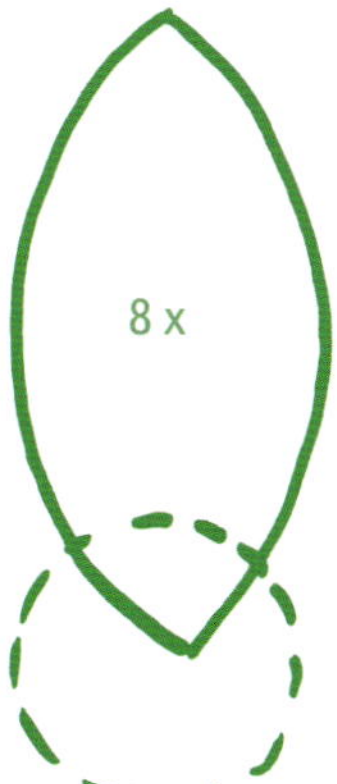
8 x

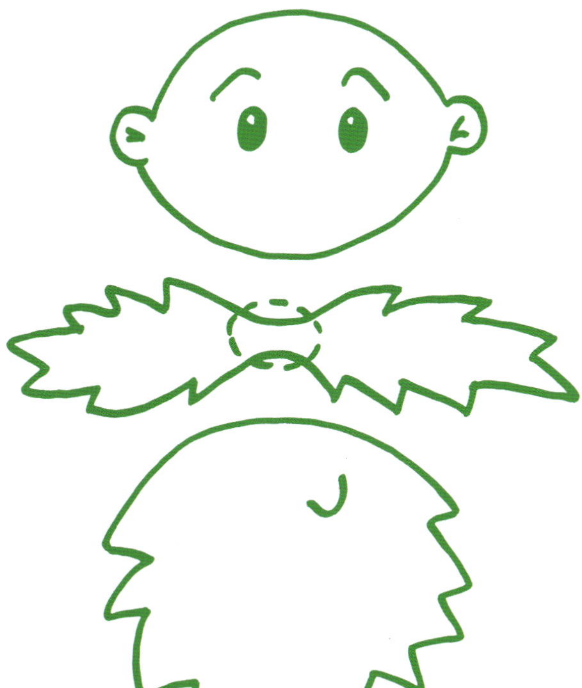

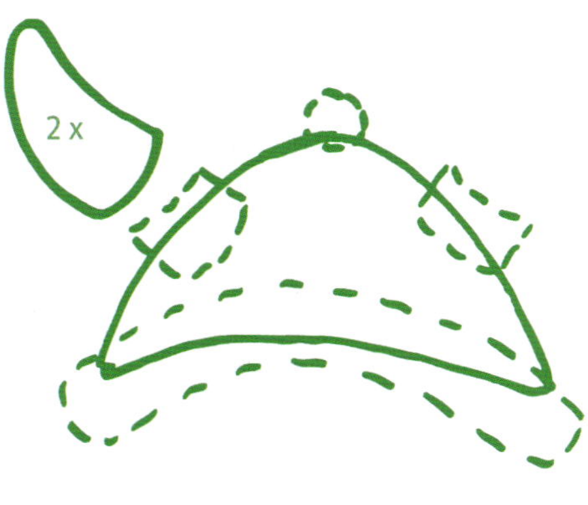
2 x

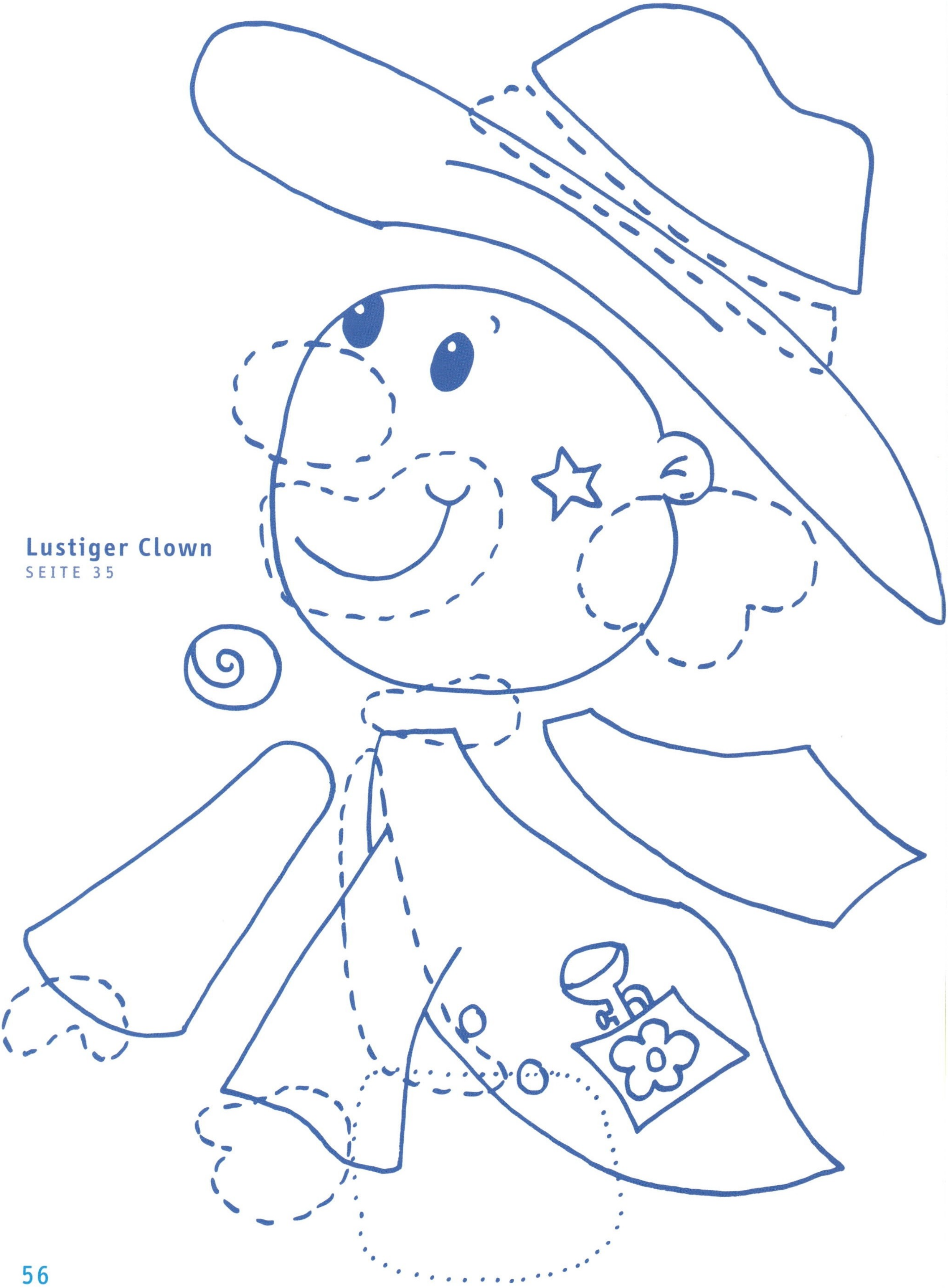

Lustiger Clown
SEITE 35

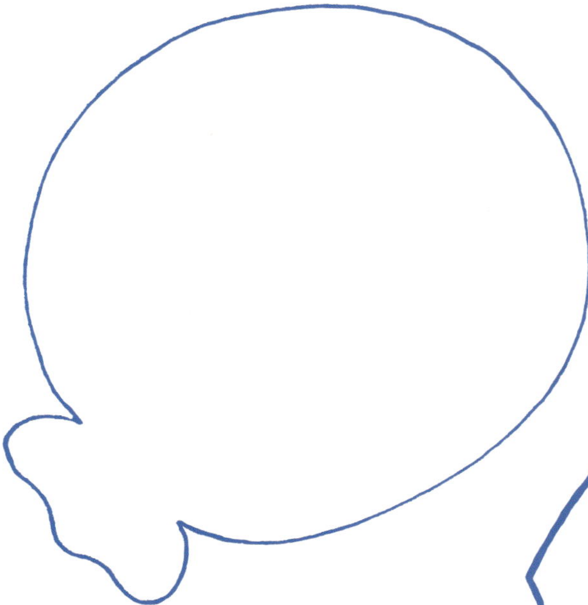

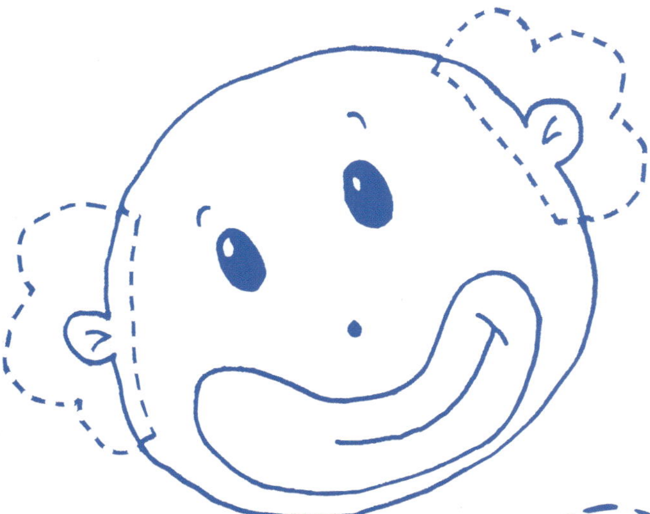

Windrad

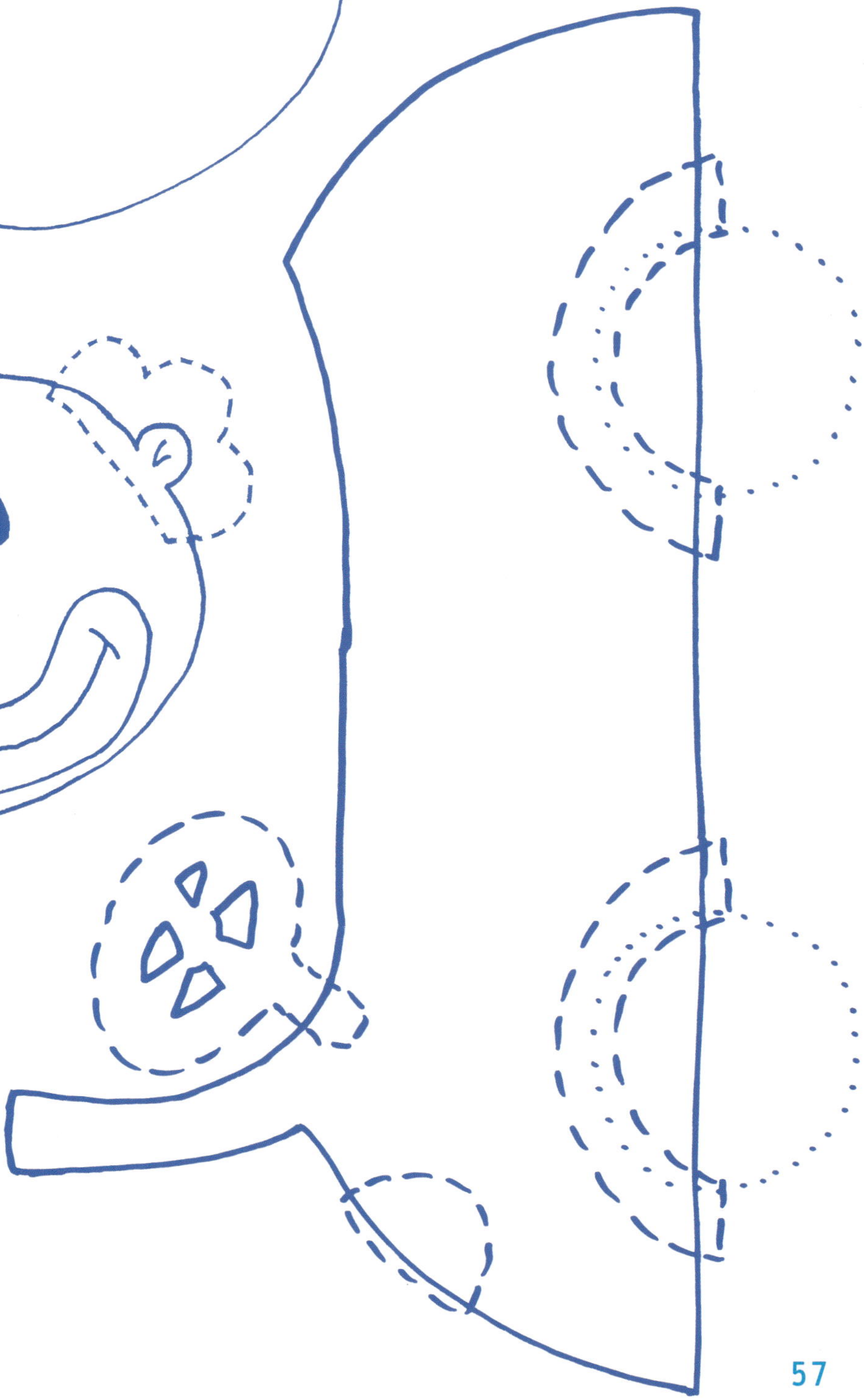

SKIZZE
Windrad

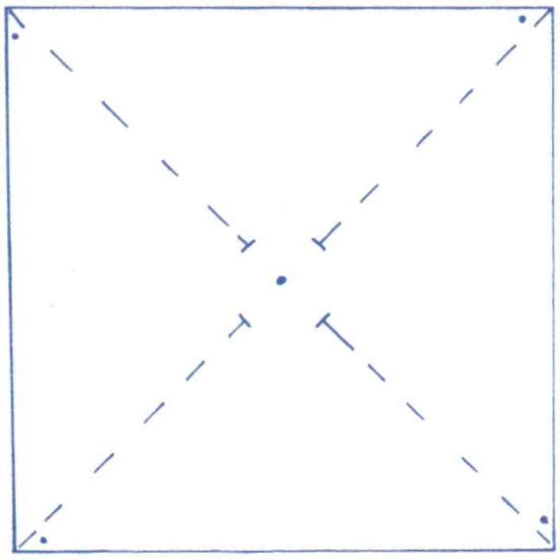

Kobold
SEITE 43

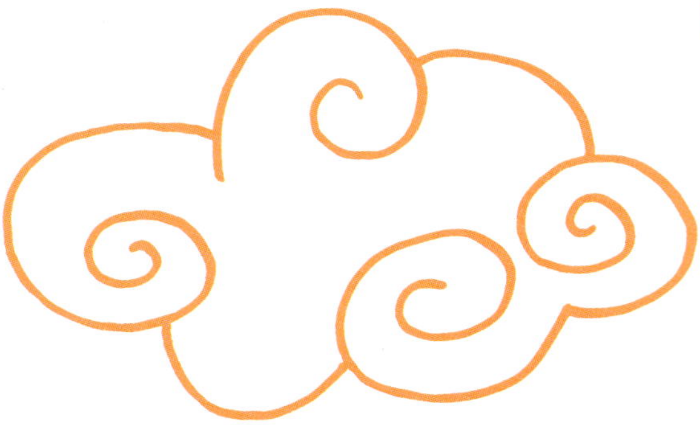

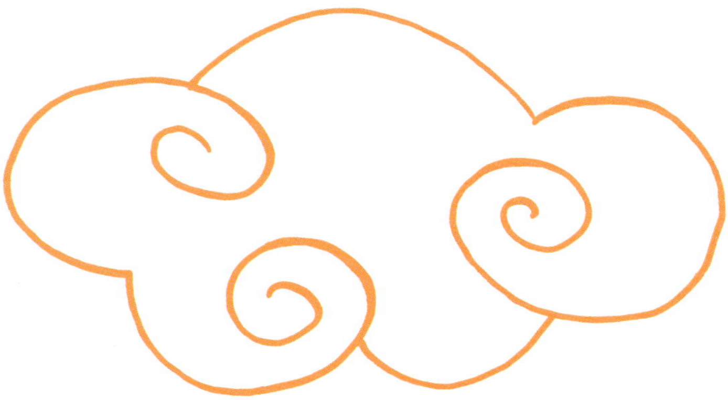

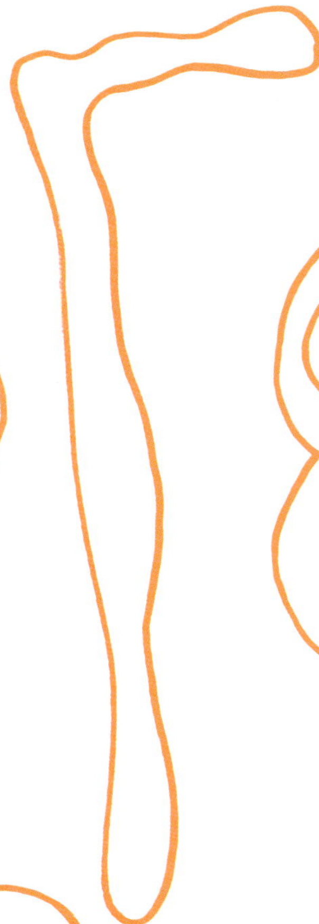

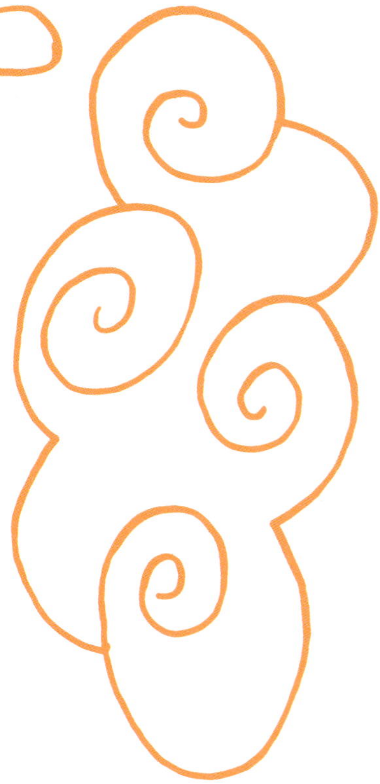

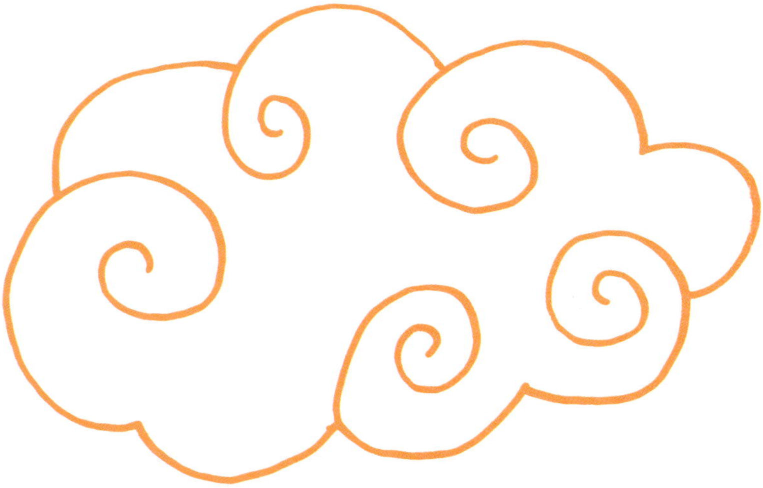

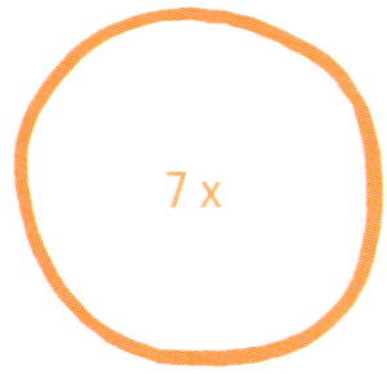

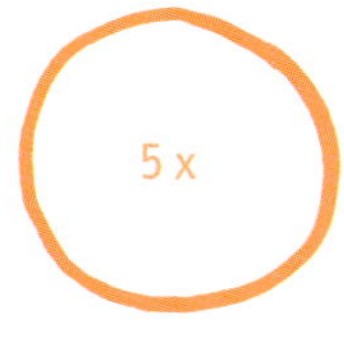

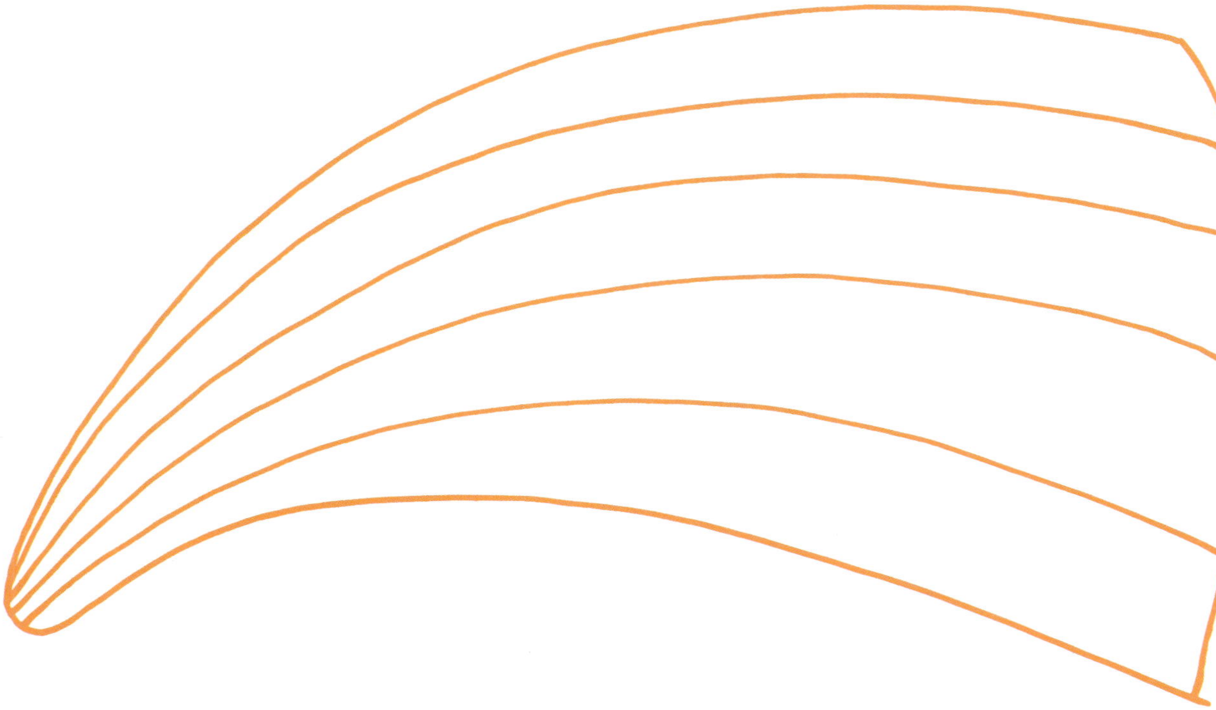

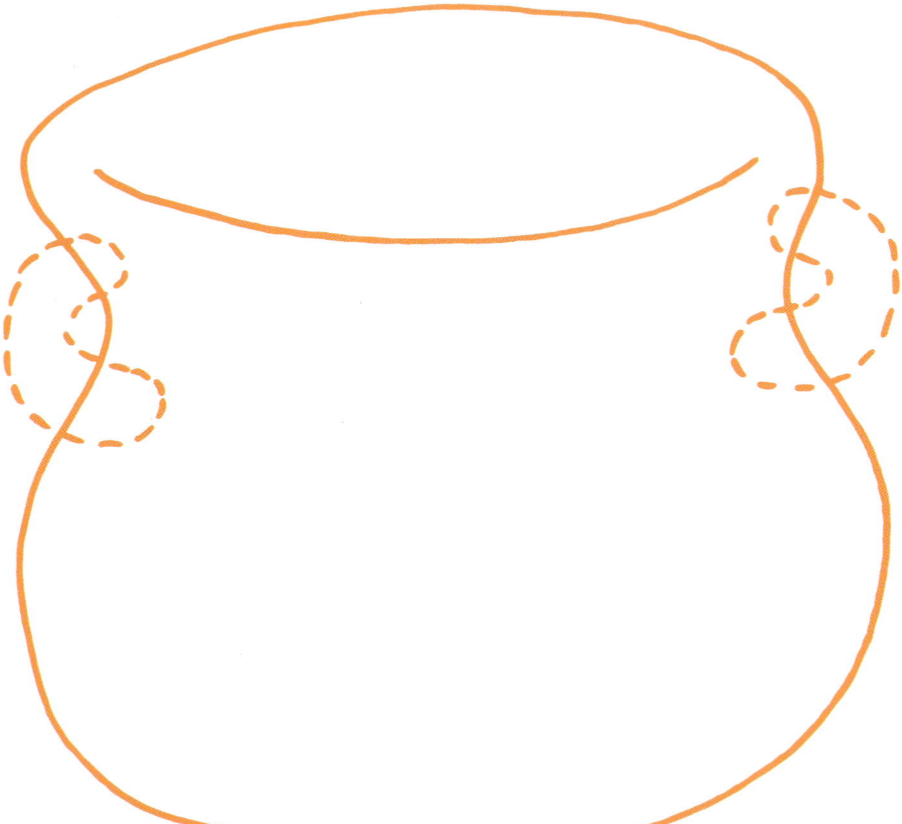

Wassermann
SEITE 31

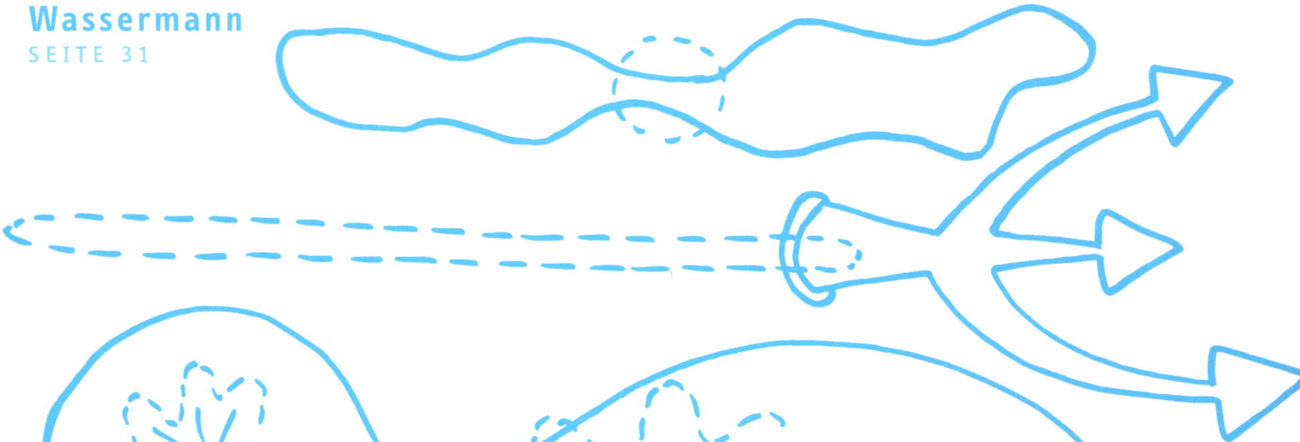

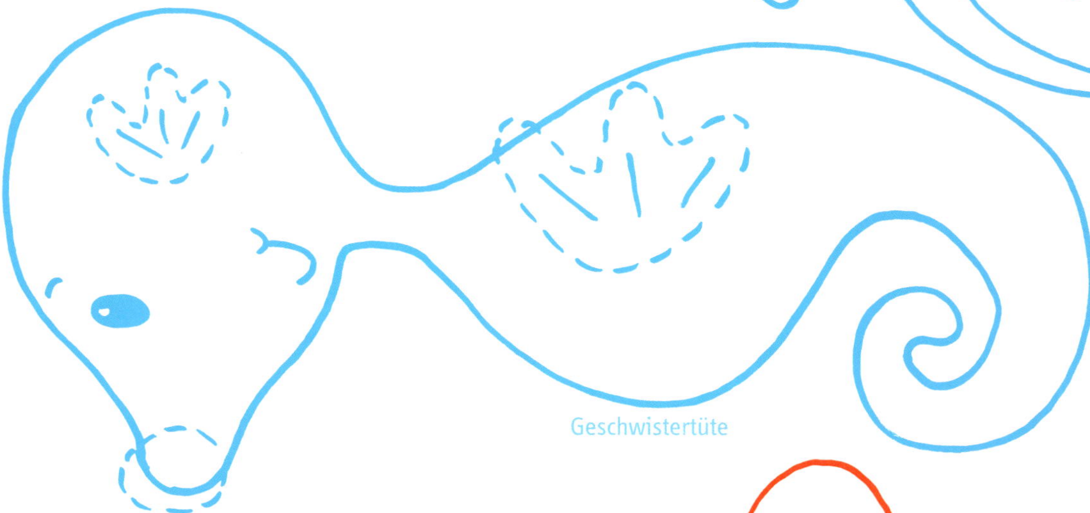

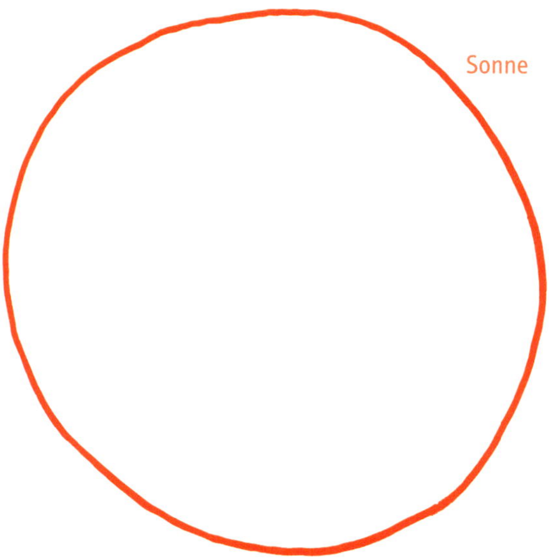

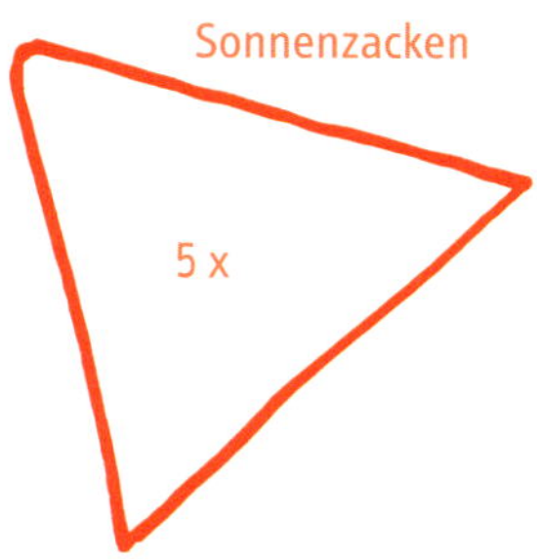

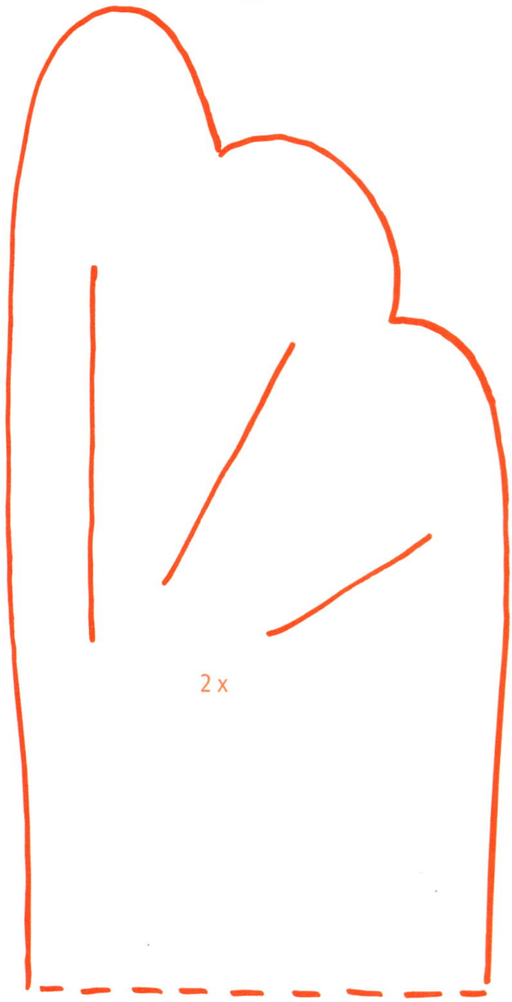

Indianerin
SEITE 29

Wassermann

SEITE 31

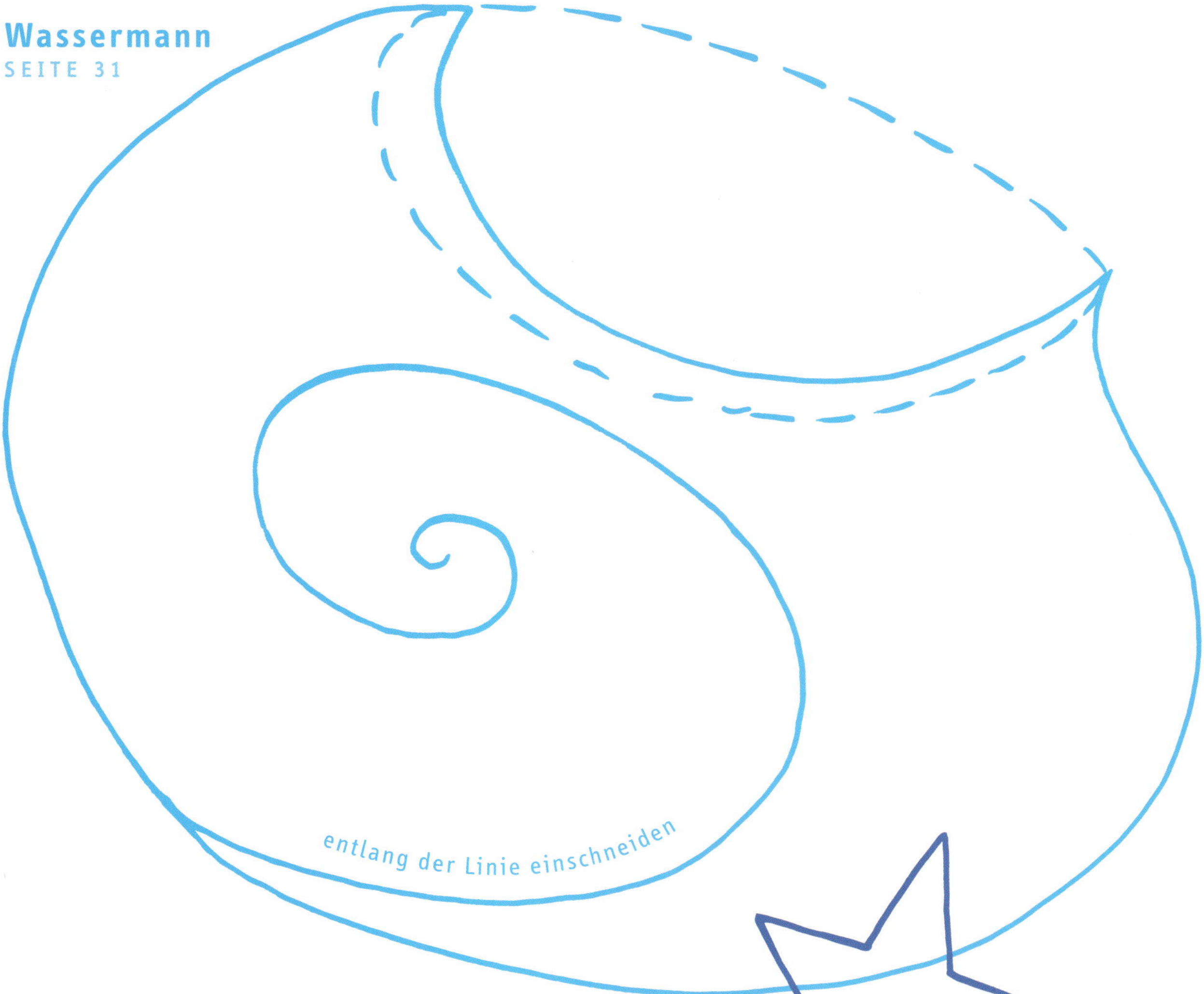

Raumfahrer

SEITE 27

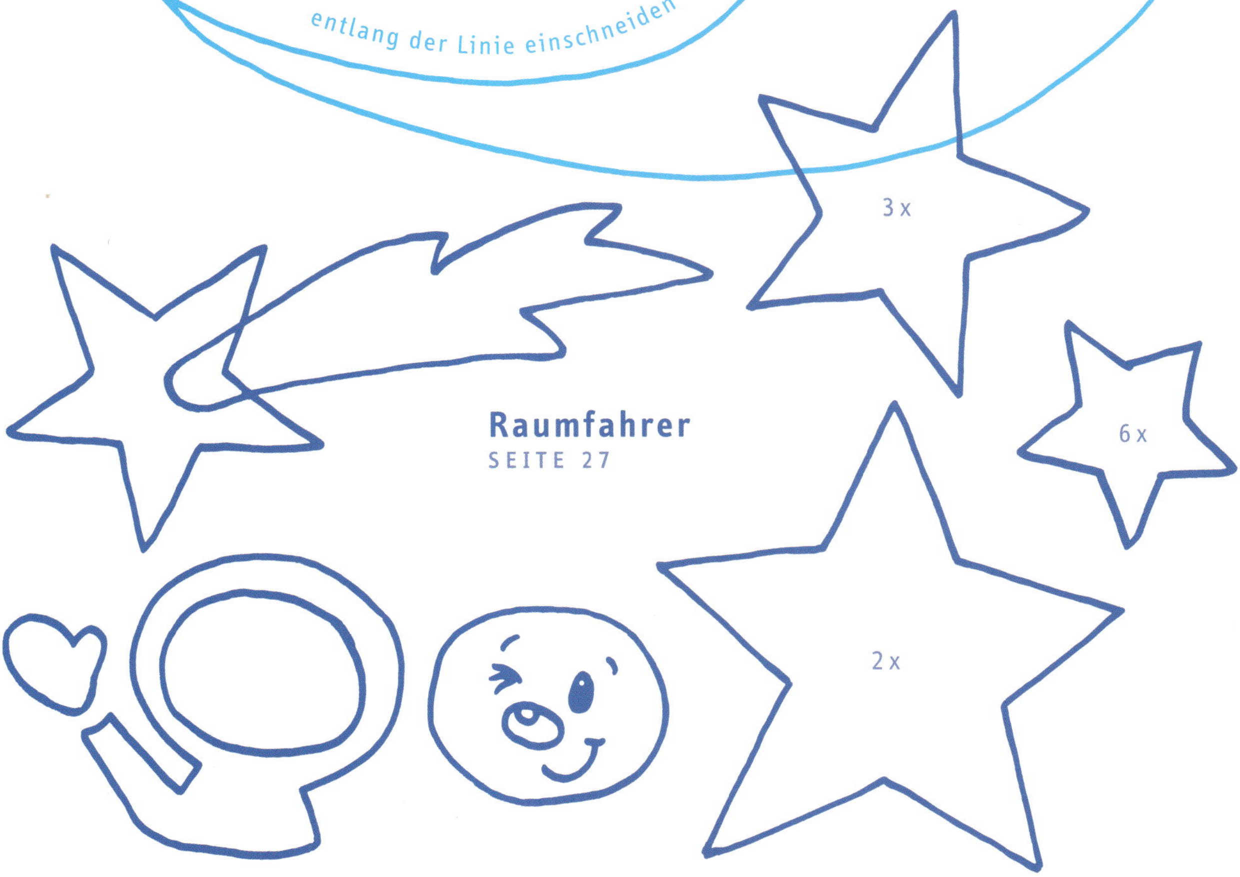

Märchenprinzessin

SEITE 9

Wappen

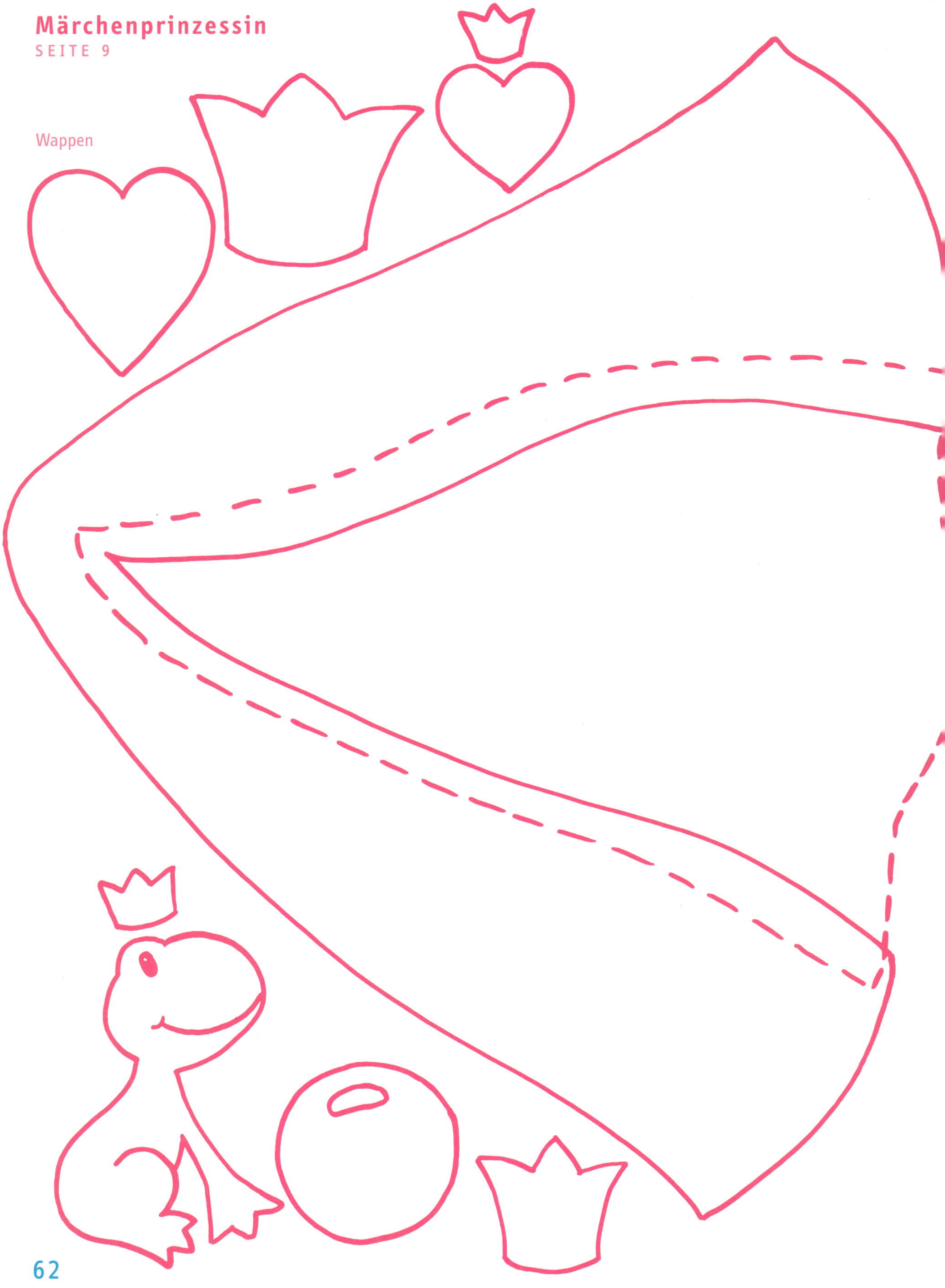

3 x

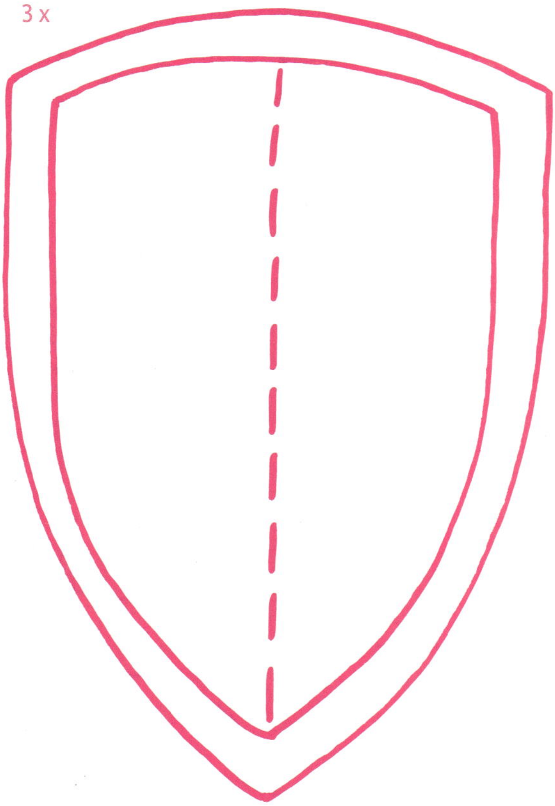

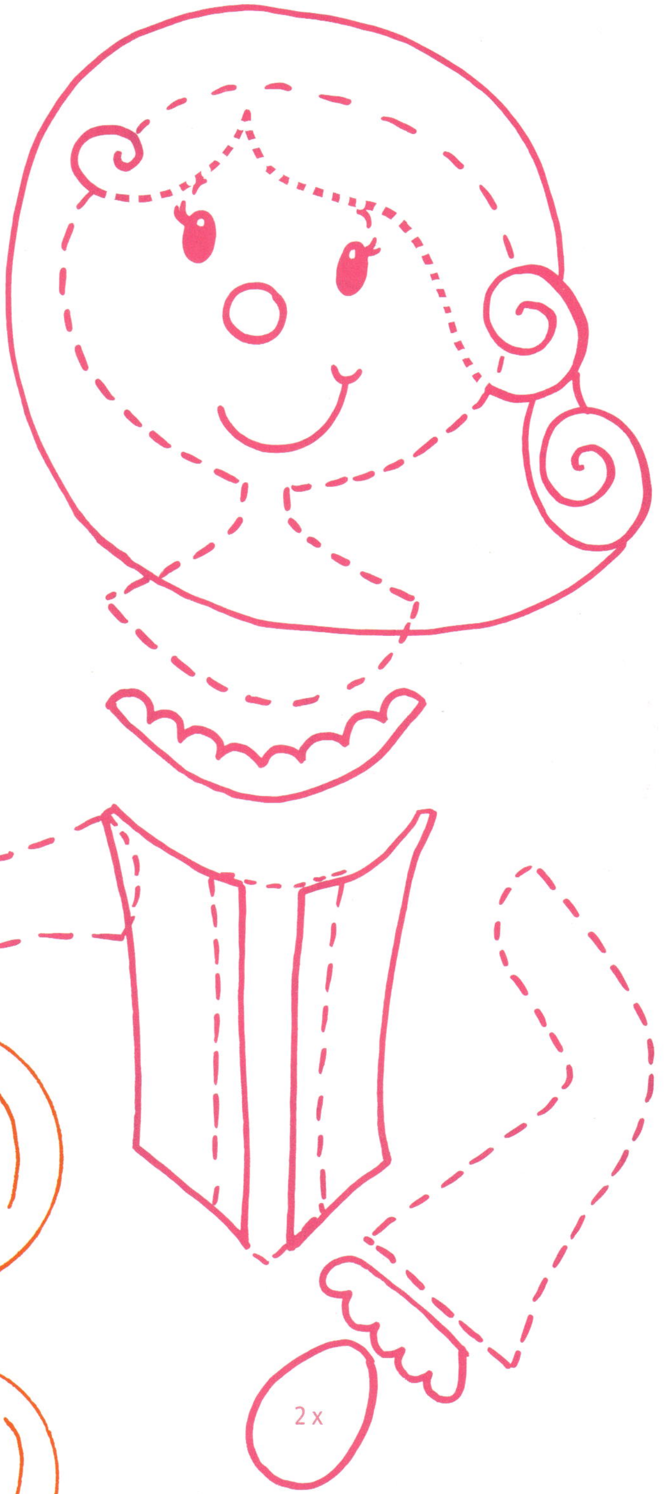

Elefant
SEITE 41

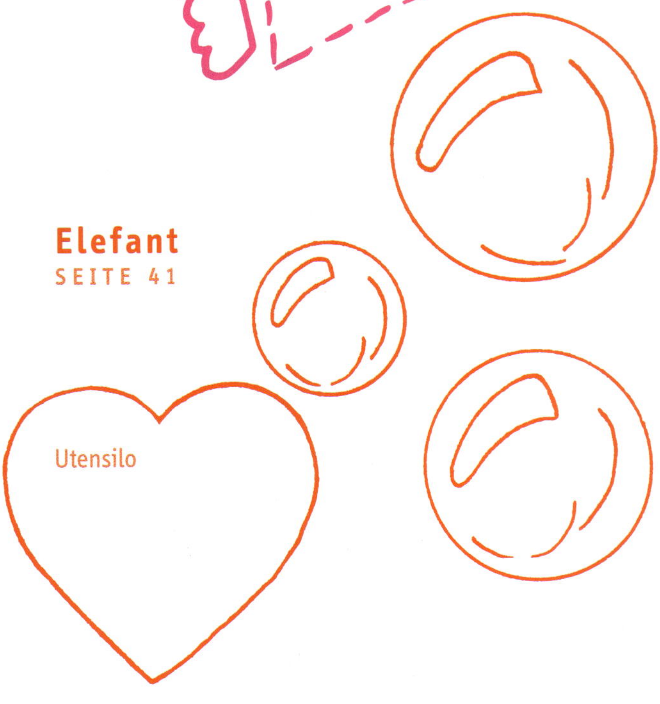

Schmetterling
SEITE 23

blauer Kreis

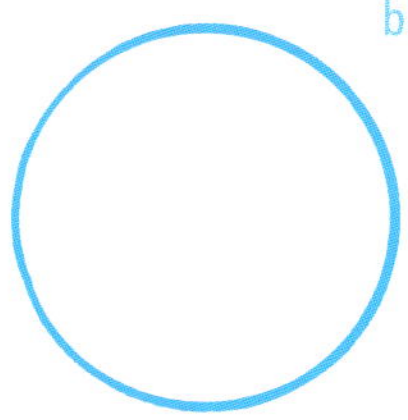

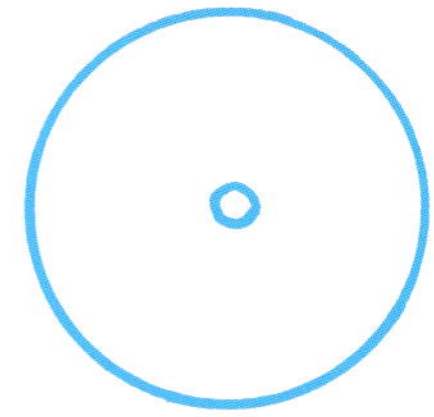

Flügeltupfen

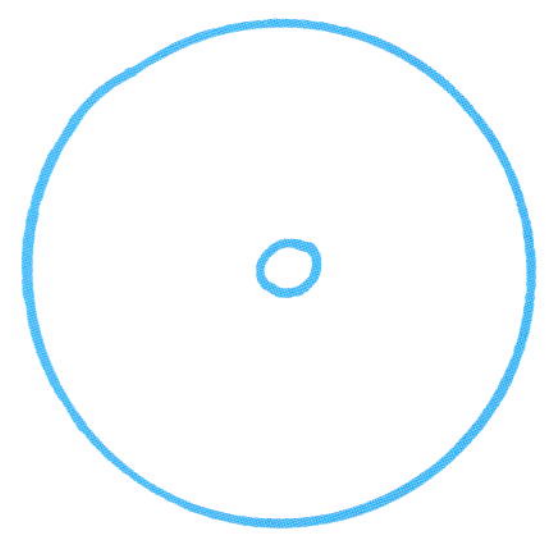

2 x

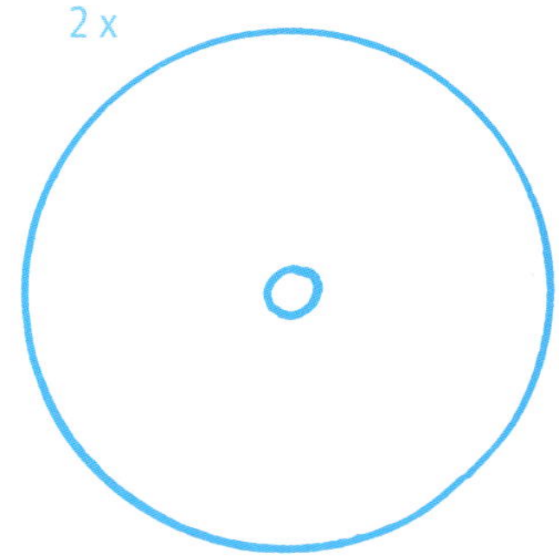

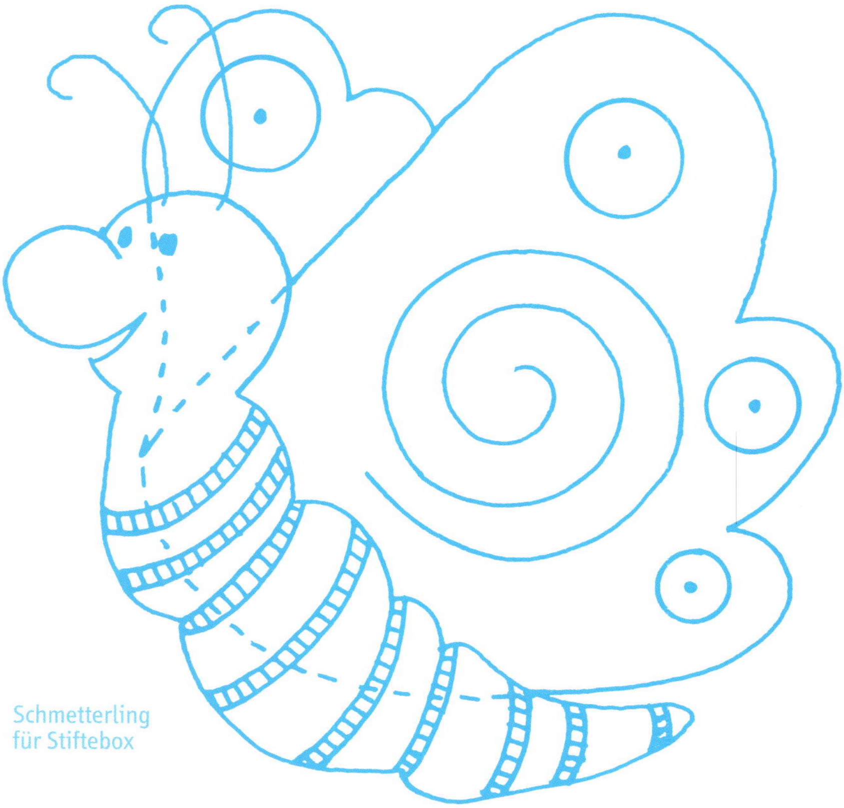

Schmetterling
für Stiftebox

**HILFESTELLUNG ZU ALLEN FRAGEN, DIE MATERIALIEN UND KREATIVBÜCHER BETREFFEN:
FRAU ERIKA NOLL BERÄT SIE. RUFEN SIE AN: 05052/911858***

*normale Telefongebühren

DIESES BUCH ENTHÄLT 1 VORLAGENBOGEN.

IMPRESSUM

MODELLE: Birgit Karl (S. 4/5, 8/9, 10/11, 18/19, 20/21, 24/25, 26/27, 28/29, 30/31, 34/35, 36/37, 38/39, 40/41, 42/43, 44/45) und Eva Sommer (6/7, 12/13, 14/15, 16/17, 22/23, 32/33, 46/47)

PROJEKTMANAGEMENT UND LEKTORAT: Suzana Sucic

GESTALTUNG: WS – WerbeService Linke, Karlsruhe

FOTOS: frechverlag GmbH, 70499 Stuttgart; Fotostudio Ullrich & Co., Renningen

DRUCK UND BINDUNG: Finidr s.r.o., Cesky Tesin, Tschechische Republik

Auflage:	5.	4.	3.	2.	1.	
Jahr:	2012	2011	2010	2009	2008	[Letzte Zahlen maßgebend]

ISBN: 978-3-7724-5282-6
Best.-Nr. 5282

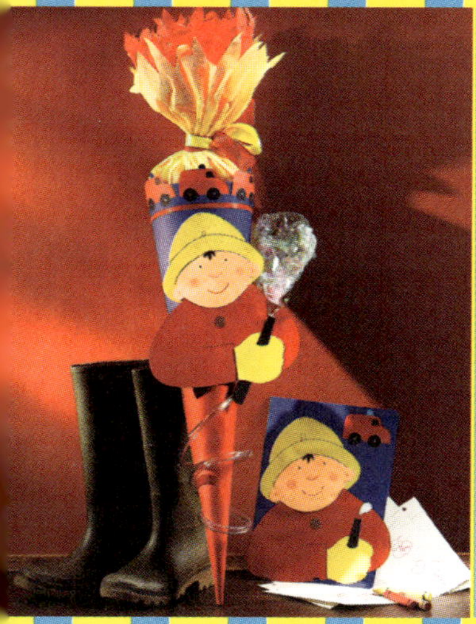

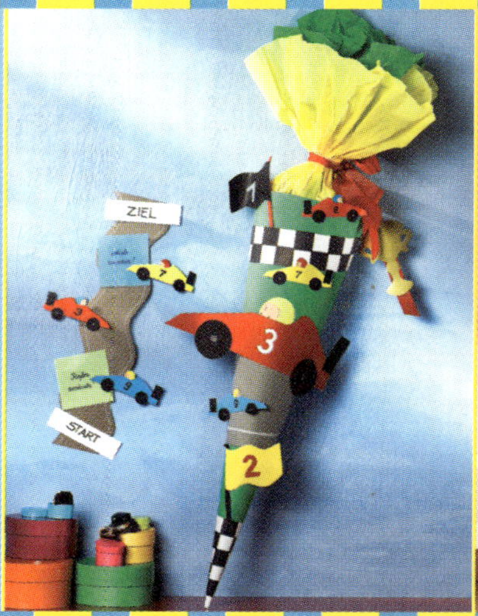

ZIEL
START
3
2

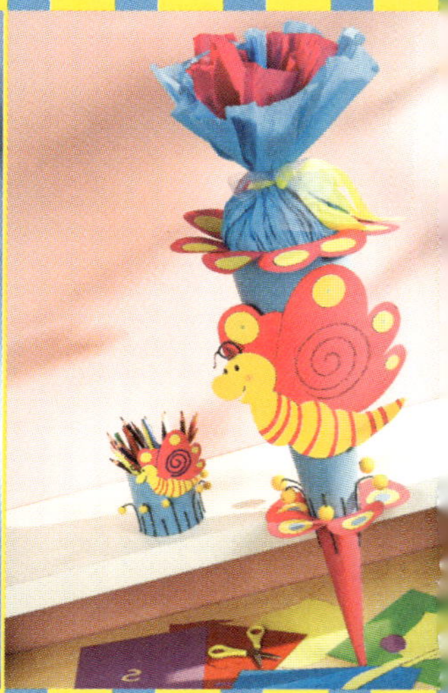